# UNA *Mujer* DE PROPÓSITO Y PODER

DEVOCIONAL DE 90 DÍAS

# UNA *Mujer* DE PROPÓSITO Y PODER

## DR. MYLES MUNROE

WHITAKER HOUSE
Español

A menos que se indique lo contrario, las citas de la Escritura son tomadas de la *Santa Biblia, Nueva Versión Internacional*®, nvi®, © 1999 por la Sociedad Bíblica Internacional. Usadas con permiso. Todos los derechos reservados. Las citas de la Escritura marcadas (rvr-60) son tomadas de *La Santa Biblia, versión Reina Valera 1960* (rvr) © 1960 Sociedades Bíblicas en América Latina; © renovado 1988 Sociedades Bíblicas Unidas. Usadas con permiso. Todos los derechos reservados. Las citas de la Escritura marcadas (ntv) son tomadas de la *Santa Biblia, Nueva Traducción Viviente*, ntv, © 2008, 2009 Tyndale House Foundation. Usadas con permiso de Tyndale House Publishers, Inc., Wheaton, Illinois 60189. Todos los derechos reservados.

Textos en cursivas y negritas son énfasis del autor.

Las formas Señor y Dios (en mayúsculas pequeñas) en las citas bíblicas representan el nombre hebreo para Dios, Yahveh (Jehová), mientras Señor y Dios normalmente representan el nombre *Adonai*, de acuerdo con la versión bíblica utilizada.

Traducido por:
Belmonte Traductores
Manuel de Falla, 2
28300 Aranjuez
Madrid, ESPAÑA
www.belmontetraductores.com

Editado por: Ofelia Pérez

## Una mujer de propósito y poder
### Un devocional de 90 días
Originalmente publicado en inglés bajo el título
*A Woman of Purpose and Power: A 90-Day Devotional*

Munroe Global
P.O. Box N9583
Nassau, Bahamas
www.munroeglobal.com
office@mumroeglobal.com

ISBN: 978-1-64123-299-9
eBook ISBN: 978-1-64123-300-2
Impreso en los Estados Unidos de América.
© 2019 por Munroe Group of Companies Ltd.

Whitaker House
1030 Hunt Valley Circle
New Kensington, PA 15068
www.whitakerhouse.com

Por favor envíe sugerencias sobre este libro a: comentarios@whitakerhouse.com.
Ninguna parte de este libro puede ser reproducida o transmitida de ninguna manera o por ningún medio, electrónico o mecánico –fotocopiado, grabado, o por ningún sistema de almacenamiento y recuperación (o reproducción) de información– sin permiso por escrito de la casa editorial. Por favor para cualquier pregunta dirigirse a: permissionseditor@whitakerhouse.com.

1 2 3 4 5 6 7 8 9 10 11 ⊔⊓ 26 25 24 23 22 21 20 19

# ÍNDICE

Introducción .................................................................... 11
Día 1: ¿Sabes adónde vas? ............................................. 14
Día 2: En busca de identidad ......................................... 16
Día 3: Entender tu propósito ......................................... 18
Día 4: Siete principios del propósito ............................. 20
Día 5: Dios cumplirá sus propósitos .............................. 23
Día 6: Dios creó todo con un propósito ........................ 25
Día 7: No conocemos todos los propósitos ................... 28
Día 8: Cuando se desconoce el propósito,
       el abuso es inevitable ........................................... 31
Día 9: Para descubrir el propósito, no preguntes a
       la creación, sino al Creador ................................. 33
Día 10: Encontramos nuestro propósito solamente
        en nuestro Hacedor ............................................ 35

Día 11: El propósito de Dios es la clave para nuestra realización ............... 38
Día 12: Lo bueno y lo mejor ............... 41
Día 13: El oro dentro de ti ............... 43
Día 14: No renuncies a una vida con propósito ............ 45
Día 15: El propósito dirige tu vida de oración ............ 48
Día 16: Creada a su imagen ............... 50
Día 17: Creados para el amor ............... 52
Día 18: Dos casas físicas ............... 55
Día 19: La buena idea de Dios ............... 57
Día 20: De la misma sustancia ............... 59
Día 21: Un lugar de la continua presencia de Dios ........ 61
Día 22: Conoce tu identidad ............... 63
Día 23: Creados para exhibir la naturaleza de Dios ...... 65
Día 24: Creados para ser hijos de Dios ............... 68
Día 25: La fuente de conflicto ............... 71
Día 26: Perder el jardín ............... 73
Día 27: La vida es preciosa ............... 75
Día 28: Restaurada mediante la redención ............... 77
Día 29: Llegar a ser una persona completa ............ 80
Día 30: Los cimientos de la familia ............... 83
Día 31: Distintos, ni superiores ni inferiores ............ 85
Día 32: Jesús se sometió al Padre ............... 88
Día 33: La sumisión activa el cielo ............... 91
Día 34: La esencia del asunto ............... 93
Día 35: Falsa sumisión ............... 95

Día 36: La mujer como potenciadora .......... 97
Día 37: Creada para ser ayuda .......... 99
Día 38: Usa tus dones para ayudar .......... 101
Día 39: Una buena palabra de una buena mujer .......... 103
Día 40: La fuente y el proveedor de la mujer .......... 105
Día 41: La mujer como reflectora .......... 107
Día 42: Reflejar la gloria de Dios .......... 109
Día 43: Respetar y afirmar a las mujeres .......... 111
Día 44: La mujer como dadora de vida .......... 113
Día 45: La "incubadora": transformación y multiplicación .......... 115
Día 46: Una incubadora espiritual .......... 118
Día 47: Anclados en la roca .......... 120
Día 48: Los padres y el propósito .......... 122
Día 49: Enseña a tus hijos y a tus nietos .......... 124
Día 50: Fortifica a tus hijos con la Palabra .......... 126
Día 51: Condiciona a tus hijos .......... 128
Día 52: Anima y consuela a tus hijos .......... 130
Día 53: Advierte a tus hijos .......... 132
Día 54: Diseños perfectamente complementarios .......... 134
Día 55: Necesidad de amor/respeto .......... 137
Día 56: Apoyar, no comparar .......... 140
Día 57: ¿Qué hago mientras tanto? .......... 142
Día 58: Necesidad de conversación/recreo .......... 144
Día 59: Necesidad de afecto/sexo .......... 146
Día 60: El sexo es idea de Dios .......... 149

Día 61: Ignorancia acerca de la sexualidad ......... 151
Día 62: Un límite de protección ......... 153
Día 63: Diferencias en los estilos de comunicación ...... 155
Día 64: "Antena emocional" y "Pensador lógico" ......... 157
Día 65: Un bonito complemento ......... 160
Día 66: Sentir, pensar y la autoexpresión ......... 162
Día 67: ¿Estamos oyendo lo mismo? ......... 165
Día 68: Pensamientos y sentimientos ocultos ......... 167
Día 69: Diferencias en la resolución de problemas ...... 169
Día 70: Diferencias en la consecución de metas ......... 171
Día 71: Diferencias de personalidad y autopercepción ......... 173
Día 72: Diferencias en las ideas de seguridad y confort ......... 175
Día 73: Mira la visión ......... 177
Día 74: ¿Cuál es tu sueño? ......... 180
Día 75: El mundo no puede olvidar ......... 182
Día 76: Conocida por tu visión ......... 185
Día 77: La visión es desinteresada ......... 187
Día 78: Dios envió a una mujer ......... 189
Día 79: Diseñada para liderar ......... 192
Día 80: El poder de influencia de las mujeres ......... 194
Día 81: Funciones distintas de liderazgo ......... 196
Día 82: Un líder confiable ......... 199
Día 83: ¿Qué pasa con Pablo? ......... 201
Día 84: ¿Querrías una belleza incorruptible? ......... 204

Día 85: La oración es esencial para la voluntad
          de Dios ................................................................... 206
Día 86: La importancia del perdón ............................ 208
Día 87: Preparada para la tormenta ........................... 210
Día 88: Reflejar al mundo la naturaleza de Dios ......... 212
Día 89: Una mujer que honra a Dios ......................... 214
Día 90: Libre en Cristo ............................................... 217
Acerca del autor .................................................................. 220

# INTRODUCCIÓN

Durante treinta años, el Dr. Myles Munroe estudió, aconsejó y guió a miles de individuos a vivir vidas de realización personal y bienestar social y espiritual. El conocimiento y la experiencia que obtuvo le llevaron a la conclusión de que el principio central de la vida es el *propósito*.

Sin embargo, como describió en su libro *Entendiendo el propósito y el poder de la mujer*, es extremadamente difícil ser una mujer en el siglo XXI aunque se ha progresado mucho en fomentar el respeto, valor y propósito de las mujeres. Él escribe: "Las mujeres en todo el mundo están ante el dilema de la identidad. A muchas mujeres les cuesta descubrir quiénes son y dónde están hoy en la familia, en la comunidad y en el mundo. Al mismo tiempo que las expectativas y roles personales de las mujeres están cambiando en algunas naciones, muchos varones alrededor del mundo siguen teniendo sus propias opiniones con respecto al lugar de las mujeres, y quieren imponerles ciertos estándares de conducta. Otros hombres están inseguros sobre el papel y la función de la mujer, y por lo tanto ofrecen poco apoyo a las mujeres que están batallando con cuestiones de identidad. Además, muchas sociedades siguen estando en un lugar de transición con respecto al estatus de las mujeres. Debido a este cambio de posición y papeles, muchas mujeres se encuentran en una cooperación molesta o en un conflicto incómodo con los varones.

"La cuestión del estatus de una mujer y el asunto de la igualdad de derechos para las mujeres son relevantes en cada cultura y sociedad del planeta. La confusión del mundo con el lugar y la dignidad de las mujeres se manifiesta de diversas formas. En las naciones industrializadas, el cambio de roles de las mujeres en la familia y la sociedad no solo ha producido nuevas oportunidades vocacionales para las mujeres, sino también problemas personales y sociales no anticipados. Aunque las mujeres están realizando los mismos trabajos que los varones, en promedio ganan menos que ellos y tienen menos oportunidades para avanzar. Aunque muchas mujeres están construyendo carreras profesionales, también están haciendo la mayoría del trabajo a la hora de criar a los hijos y cuidar de la casa. El ritmo de una vida así las está dejando agotadas y desilusionadas. A nivel personal, la confusión con respecto a los roles y las expectativas de varón/mujer ha conducido a malentendidos, conflictos y relaciones inestables con el sexo opuesto. Las mujeres hoy están lidiando con el delicado equilibrio de atender las necesidades tanto de sus familias como de sus carreras profesionales, la competición laboral con los varones, la agitación emocional y la pérdida de ingresos debido al divorcio, ser madre soltera y conflictos derivados de los cambios culturales en el modo en que las mujeres y los hombres se interrelacionan. Algunas mujeres están confusas con respecto a lo que debería ser una mujer y cómo debería comportarse porque ya no están seguras de las cosas de las que se supone que una mujer debe ser responsable".

De su estudio de las Escrituras, el Dr. Munroe creía que las mujeres tienen un propósito único y maravilloso en el plan de Dios para el mundo. A medida que progreses por estos noventa devocionales, descubrirás *El propósito y el poder de la mujer* y cómo fuiste creada para vivir de forma armoniosa, productiva y con propósito en relación con los demás. Entenderás verdades y principios bíblicos que explican el particular diseño de las mujeres y su relación con los varones, y encontrarás una aplicación práctica para implementar en tu vida diaria lo que aprendas.

También se incluyen lecturas diarias de las Escrituras, con un pasaje del Antiguo Testamento y un pasaje del Nuevo Testamento para cada día. Como solo encontramos nuestro propósito en la mente de nuestro Hacedor, es esencial leer su "Manual" (como le gustaba llamar a la Biblia el Dr. Munroe) por nosotros mismos para ver claramente la revelación de sus propósitos. Debemos permitir que la Palabra de Dios habite abundantemente en nuestro corazón para que, según meditamos y absorbemos las Escrituras, se conviertan verdaderamente en una parte de nuestra vida.

Siempre que estudiemos la Palabra de Dios, deberíamos también orar y pedirle a Dios sabiduría. El Espíritu Santo es nuestro maestro, y tenemos que pedirle que ilumine la Palabra y nos dé entendimiento.

Puedes descubrir cómo vivir según el plan de Dios, para que te conviertas en todo aquello para lo que fuiste creada como una mujer única creada a su imagen: *una mujer de propósito y poder*. Que Dios te bendiga en tu relación con Él y con quienes Él ha puesto en tu vida mientras cumples ese propósito único.

## Día 1

## ¿SABES ADÓNDE VAS?

*"El corazón del hombre traza su rumbo, pero sus pasos los dirige el Señor".* —Proverbios 16:9

Iba conduciendo por una calle sin edificar, cerca de mi casa, cuando vi un gran letrero con un dibujo muy bonito de un edificio. El letrero decía: MUY PRONTO. Sentí que el Espíritu Santo me decía: "¿Has visto eso?". Yo pregunté: "¿Qué?". Él me dijo: "¿Has visto el final?". Hice un giro para ver de nuevo el dibujo, y el Espíritu Santo continuó: "Si pudieras ver a los hombres que trabajan en esa obra, sacando la tierra y el barro, haciendo grandes hoyos, y si pudieras preguntarles qué es lo que están haciendo, ellos dirían: 'Estamos construyendo eso'. Podrían decirte exactamente hacia dónde se dirigen". Nunca se me olvidó esa lección.

Tengo una pregunta para ti: ¿Es tu vida algo similar a eso? Si alguien te preguntara adónde vas, ¿podrías responder hacia dónde te diriges? ¿Podrías especificar adónde? ¿Tienes tu sueño tan claro que podrías dibujarlo?

Si sabes adónde vas, entonces cuando alguien no entienda la razón para toda "la tierra, el barro, el agua y el agujero", eso no importará. Quizá todo parece desordenado, pero tú sabes que es parte del proceso, y cuando estés en medio del proceso puede parecer que en tu vida no se está edificando nada. Pero toma buena nota de esto: hay un dibujo de ti. Dios lo ha pintado para ti en su Palabra. Cada vez que te quedes atascada, cada vez que te desanimes, puedes mirar ese dibujo.

Quizá podamos ver el resultado de los propósitos de Dios para nuestra vida dentro de veinte años, o quizá mañana. Sin embargo, si estamos viviendo en los planes de Dios para nosotros, hemos encontrado la clave para nuestra existencia.

Amado Padre,

Tú eres el Creador, el Hacedor de todas las cosas, incluyéndome a mí. Tú tienes un propósito para mi creación más allá de todo lo que pueda entender fácilmente. Ayúdame a mantener mis ojos en ti y en tu Palabra mientras revelas mi propósito en esta tierra. En el nombre de Jesús, amén.

*Pensamiento*: Si alguien te preguntara a dónde vas en la vida, ¿qué le responderías?

*Lecturas:* Proverbios 16:1-20; Mateo 6:1-16

*Día 2*

## EN BUSCA DE IDENTIDAD

*"Nosotros no hemos recibido el espíritu del mundo, sino el Espíritu que procede de Dios, para que entendamos lo que por su gracia él nos ha concedido"*. —1 Corintios 2:12

Hay una presión tremenda en nuestra cultura para que las mujeres busquen identidad en todos los lugares equivocados. La verdadera identidad de una mujer no está en su inteligencia, su aspecto, su riqueza, su trabajo, las opiniones de otros, o incluso su esposo y sus hijos.

Si no te entiendes a ti misma, aún no has tomado posesión de tu vida. Por eso las personas que no saben quiénes son, intimidan a otras y se convierten en personas distintas a las que Dios quería que fueran al crearlas. Si no sabes que naciste para ser alguien o para hacer algo, entonces te conviertes en una víctima de las opiniones de otras personas. Entender quién te hizo y quién eres es crucial para que otros no tomen posesión de tu vida. Cuando tienes entendimiento, sabes qué hacer con tu vida.

Primero, una mujer necesita encontrar su identidad en quién es ella en Cristo: una hija amada de Dios. Solo cuando hace esto es cuando puede realizarse y llevar a cabo los planes de Dios para ella. Al margen de que la cultura y la sociedad puedan decir lo contrario, Dios les dio a las mujeres la dignidad y la valía más altas en la creación. Cuando una mujer se somete a Dios,

Cristo obrará en ella y a través de ella por su Espíritu. De esta forma, estará lista para cumplir todos los propósitos que Dios tiene para ella, pero en la fuerza de Él y no en la suya propia.

Quizá estés dejando pasar el cumplimiento de los propósitos específicos para los que fuiste creada. Dios te está diciendo: "Quiero que dejes de intentar ser como cualquier otra persona y seas quien tú eres". El apóstol Pablo dijo: *"Imítenme a mí, como yo imito a Cristo"* (1 Corintios 11:1). En otras palabras: "Cuando me parezca a Cristo, imítenme". Lo único que debemos imitar de lo que vemos en otras personas es la vida de Cristo.

Dios tiene planes especiales para ti, si intentas convertirte en la persona que Dios quiere que seas. Él te ha dado tu personalidad y tus dones por una razón específica. *"Porque somos hechura de Dios, creados en Cristo Jesús para buenas obras, las cuales Dios dispuso de antemano a fin de que las pongamos en práctica"* (Efesios 2:10).

*Pensamiento*: Dios te creó especial debido al propósito que tuvo en mente para ti.

*Lecturas*: Salmos 139:13-18; Gálatas 2:20

Día 3

## ENTENDER TU PROPÓSITO

*"Carguen con mi yugo y aprendan de mí, pues yo soy apacible y humilde de corazón, y encontrarán descanso para su alma".* —Mateo 11:29

El gran reto de la vida es entender la vida. Cuando la vida nos lanza una bola con efecto, a menudo jugamos y fingimos. Muchas veces, tenemos que actuar al azar y después nos preguntamos durante mucho tiempo si lo que hicimos funcionará.

Lo que nos falta es entendimiento. David, el gran rey de Israel, hizo una observación con respecto a este mismo asunto. Mediante inspiración divina, habló del caos moral y social de su comunidad y describió la raíz causante de la confusión, frustración y autodestrucción de la humanidad. *"Ellos no saben nada, no entienden nada. Deambulan en la oscuridad; se estremecen todos los cimientos de la tierra"* (Salmos 82:5).

Este texto declara que la razón por la que las personas de la tierra están tan confundidas y llenas de problemas no es porque no haya respuestas, sino porque no entendemos a nuestro Creador. No conocemos sus principios, sus propósitos, su naturaleza o sus preceptos.

El mayor enemigo de la humanidad es la *ignorancia del yo*. Nada es más frustrante que no saber quién eres o qué hacer con lo que tienes. Todos los problemas de la humanidad son el resultado de este gran dilema. Esencialmente, el dilema es que nos falta entendimiento. Sin entendimiento, la vida es un experimento, y la recompensa es la frustración.

Pero aprender los caminos de Dios transformará tu espíritu, tu mente y tu aspecto. Cuando te presentas ante Dios y aprendes de Él, comienzas a entender su propósito. *"La ley del Señor es perfecta: infunde nuevo aliento. El mandato del Señor es digno de confianza: da sabiduría al sencillo"* (Salmos 19:7).

La mejor manera de encontrar tu propósito es rendir tu vida al Fabricante. No deberías acudir a Dios porque es el acto más religioso. No deberías acudir a Dios porque "todos" lo hacen. No deberías acudir a Dios porque es bueno ser parte de la iglesia. Deberías acudir a Dios porque quieres descubrir cómo no malgastar tu vida. Nadie te conoce como Aquel que te creó. Ese es el resumen.

Somos tan especiales para Dios que envió a su único Hijo a morir por nosotros. Debe haber algo único en cada uno de nosotros para que Dios quiera que recibamos salvación, a fin de que podamos cumplir el propósito para el que nos dio vida. Tenemos que buscarlo a Él con sinceridad para descubrir ese propósito. *"Me buscarán y me encontrarán cuando me busquen de todo corazón"* (Jeremías 29:13).

*Pensamiento:* La mejor manera de que encuentres propósito es rendir tu vida al Fabricante.

*Lecturas:* Salmo 19; Mateo 11:25-28

## Día 4

# SIETE PRINCIPIOS DEL PROPÓSITO

*"[Dios] hace todas las cosas conforme al designio de su voluntad".* —Efesios 1:11

La fuente de muchos de nuestros problemas en este mundo, incluyendo entender mal y tratar mal a las mujeres, es que hemos perdido nuestro entendimiento de lo que significa ser humanos como Dios nos creó. Hemos perdido nuestro sentido de propósito. Estoy convencido de que, en cada país del mundo, tanto mujeres como varones están sufriendo de esta ignorancia de propósito. Lo mejor que podemos hacer es descubrir y vivir en el plan original de Aquel que creó a la humanidad. Solo entonces aprenderemos la naturaleza inherente y los derechos de las mujeres y de los hombres, para que tanto mujeres como varones puedan vivir en libertad y realización.

Los siete principios siguientes del propósito nos ayudarán a entender la intención original de Dios para nosotros en la creación.

1. Dios es un Dios de propósito.
2. Dios lo creó todo con un propósito.
3. No conocemos todos los propósitos porque hemos perdido nuestro entendimiento de la intención original de Dios para nosotros.

4. Donde no se conoce el propósito, el abuso es inevitable.
5. Para descubrir el propósito de algo, nunca le preguntes a la creación, sino al creador.
6. Encontramos nuestro propósito solo en la mente de nuestro Hacedor.
7. El propósito de Dios es la clave para nuestra realización.

Dios es un Ser de propósito. Él planifica, y después lleva a cabo sus planes. Dios siempre supo lo que quería crear antes de hacerlo; del mismo modo, Él siempre sabe lo que quiere hacer antes de lograrlo.

Este tema lo encontramos a lo largo de toda la Biblia, la cual podemos considerar el manual de Dios para nuestras vidas. Estas son varias expresiones de su naturaleza de propósito:

*Y dijo Dios: «¡Que exista la luz!» Y la luz llegó a existir.*

(Génesis 1:3)

*Pero los planes del Señor quedan firmes para siempre; los designios de su mente son eternos.* (Salmos 33:11)

*El Señor Todopoderoso ha jurado: Tal como lo he planeado, se cumplirá; tal como lo he decidido, se realizará.*

(Isaías 14:24)

*Así como la lluvia y la nieve descienden del cielo, y no vuelven allá sin regar antes la tierra y hacerla fecundar y germinar para que dé semilla al que siembra y pan al que come, así es también la palabra que sale de mi boca: No volverá a mí vacía, sino que hará lo que yo deseo y cumplirá con mis propósitos.* (Isaías 55:10-11)

*Pues Dios nos salvó y nos llamó a una vida santa, no por nuestras propias obras, sino por su propia determinación y gracia. Nos concedió este favor en Cristo Jesús antes del comienzo del tiempo;* (2 Timoteo 1:9)

Dios nos ha creado con un propósito. Solo cuando entendamos plenamente este concepto, veremos cuán importante es para nuestro bienestar que descubramos la intención de Dios para nosotros.

*Pensamiento*: Dios es un Dios de propósito.

*Lecturas:* Medita en los anteriores pasajes del Antiguo y del Nuevo Testamento.

Día 5

# DIOS CUMPLIRÁ SUS PROPÓSITOS

*"Pero los planes del Señor quedan firmes para siempre; los designios de su mente son eternos".* —Salmos 33:11

Dios tiene propósito, y siempre lleva a cabo sus propósitos. Repasemos algunos versículos de Isaías y hebreos que ilustran un aspecto vital de la naturaleza de propósito de Dios.

*El Señor Todopoderoso ha jurado: Tal como lo he planeado, se cumplirá; tal como lo he decidido, se realizará.*

(Isaías 14:24)

La primera parte de este versículo dice que Dios ha hecho un juramento. Ahora bien, cuando las personas hacen un juramento, tienen que encontrar algo mayor que ellos mismos por lo cual jurar. Como leemos en Hebreos 6:16: *"Los seres humanos juran por alguien superior a ellos mismos, y el juramento, al confirmar lo que se ha dicho, pone punto final a toda discusión".* Nosotros, por lo general, juramos por la Biblia o por alguna gran institución. Pero cuando Dios hace un juramento, no hay nada por encima de Él; por lo tanto, tiene que jurar por sí mismo.

Si tuvieras que comparecer como testigo en un juicio, te pedirían que jurases sobre la Biblia: "Juro decir la verdad, toda la verdad, y nada más que la verdad, así me ayude Dios". Si mintieras, sería lo mismo que profanar la integridad de la Biblia, y también destruirías tu propia integridad.

Cuando Dios hace un juramento con respecto a algo, Él cumple lo que ha jurado hacer, porque es totalmente fiel a sí mismo. Dios no quiere que tengamos ninguna duda sobre este aspecto de su naturaleza.

> *Por eso Dios, queriendo demostrar claramente a los herederos de la promesa que su propósito es inmutable, la confirmó con un juramento.* (Hebreos 6:17)

Podemos estar seguros de que Dios cumplirá sus propósitos para nosotros según permitimos que Cristo el Redentor nos restaure para Él y para el cumplimiento de aquellos propósitos.

*Pensamiento*: Dios es un Dios de propósitos y siempre los lleva a cabo.

*Lecturas*: Salmo 33; Hebreos 6:13-20

## Día 6

# DIOS CREÓ TODO CON UN PROPÓSITO

*"Cada estrella tiene su propio brillo"* [*"gloria"* RVR-60].
—1 Corintios 15:41

El propósito es la intención original de un creador a la hora de crear algo. Es lo que hay en la mente del creador que le hace confeccionar su producto de cierta manera. En resumen, el propósito motiva la acción de crear. Esto da como resultado una producción precisa.

Todo lo que Dios ha creado en esta vida tiene un propósito. Uno de los principios esenciales del propósito es que "el propósito de algo determina su naturaleza o diseño". Podemos luchar contra los propósitos de Dios para nosotros, pero si lo hacemos no nos sentiremos realizados, sino frustrados. Él nos hizo como somos para sus propósitos y para nuestro beneficio.

Como Dios es un Dios de propósito, nunca creó nada a la espera de que se convirtiera en algo viable. Primero decidió lo que sería, y después lo hizo. Él siempre comienza con un producto terminado en mente.

Piensa en estas preguntas:
- ¿Por qué los humanos son distintos de los animales?
- ¿Por qué un ave es distinta de un pez?
- ¿Por qué el sol es distinto de la luna?

- ¿Por qué una estrella difiere de otra estrella?
- ¿Por qué las mujeres son diferentes a los varones?

Responderé a estas preguntas con esta frase: todo es como es, debido a la razón por la que fue creado, por su propósito. El *porqué* dicta el diseño. Dios creó todo con la capacidad de cumplir su propósito. Por lo tanto, para entender cómo operamos como seres humanos, tenemos que ir al Manual que nos ha dado el Diseñador y Fabricante que nos creó.

*"No toda carne es la misma carne, sino que una carne es la de los hombres, otra carne la de las bestias, otra la de los peces, y otra la de las aves"* (1 Corintios 15:39, RVR-60). Por supuesto, la palabra *"carne"* en esta ocasión no se refiere a la carne de comer, sino que se refiere a la naturaleza de la criatura, su diseño característico. Dios decidió que los seres humanos serían distintos a los animales en su naturaleza. También determinó que las aves y los peces serían de naturalezas distintas. El pasaje sigue diciendo:

> *Así mismo hay cuerpos celestes y cuerpos terrestres; pero el esplendor* ["gloria" RVR-60] *de los cuerpos celestes es uno, y el de los cuerpos terrestres es otro. Uno es el esplendor* ["gloria" RVR-60] *del sol, otro el de la luna y otro el de las estrellas. Cada estrella tiene su propio brillo* ["gloria" RVR-60]*.* (1 Corintios 15:40-41)

El sol tiene que hacer una tarea que la luna no hace, así que Dios creó a la luna distinta al sol. La luna fue creada para hacer su trabajo, y ningún otro. La luna no da luz; refleja la luz. Por lo tanto, Dios no puso luz en la luna. Dios también hizo las estrellas de distintos tamaños y luminosidad, para sus propios propósitos. El punto es que Dios lo hizo todo como es debido a lo que tenían que hacer. ¡Y eso nos incluye a nosotros!

*Pensamiento*: Para entender cómo operamos como seres humanos, tenemos que ir al Manual que nos ha dado el Diseñador y Fabricante que nos creó.

*Lecturas*: Génesis 1:1-26; Efesios 1:3-14

## Día 7

## NO CONOCEMOS TODOS LOS PROPÓSITOS

*"Tu palabra es una lámpara a mis pies; es una luz en mi sendero".* —Salmos 119:105

Todo lo que Dios creó tiene un propósito y está diseñado según ese propósito. Sin embargo, no conocemos todos los propósitos. La humanidad ha perdido su conocimiento de los propósitos de Dios. No ha respetado el hecho de que la creación de Dios y sus instrucciones para vivir fueron establecidas por una razón concreta y que, si este propósito se abandona, nunca operaremos adecuadamente como seres humanos. El resultado de este abandono ha sido debilitante para nosotros: nos hemos alejado cada vez más de la intención y el diseño originales de Dios, con lo que cada vez operamos menos como deberíamos. Esto nos ha dejado incompletos, frustrados y en conflicto unos con otros.

El primer capítulo de Romanos explica que cuando las personas rechazan o son ignorantes de los propósitos de Dios, terminan abusando de sí mismos constantemente. Abusan de sus propios cuerpos, de sus mentes, de sus relaciones y de sus talentos.

*A pesar de haber conocido a Dios, no lo glorificaron como a Dios ni le dieron gracias, sino que se extraviaron en sus inútiles razonamientos, y se les oscureció su insensato corazón.* (Romanos 1:21)

Este versículo describe a quienes no conocían el propósito de Dios y ni siquiera se preocuparon en saber cuál es. Aunque sabían algo acerca de Dios y sus caminos, no lo querían a Él en sus vidas. No querían saber lo que Él quería que supieran. En realidad, estaban diciendo: "Guárdate tus opiniones sobre quiénes somos para ti, Dios. Sabemos que nos creaste, pero déjanos tranquilos. Sabemos que estás ahí, pero olvídate de nosotros".

Los siguientes versículos nos cuentan el resultado de su decisión: *"Aunque afirmaban ser sabios, se volvieron necios"* (Romanos 1:22). *"Cambiaron la verdad de Dios por la mentira"* y *"cambiaron las relaciones naturales por las que van contra la naturaleza"* (versículos 25-26).

¿Cuándo se produce el cambio de lo natural por lo que es contra la naturaleza? Sucede cuando se ignora el propósito o se desconoce. *"Además, como estimaron que no valía la pena tomar en cuenta el conocimiento de Dios, él a su vez los entregó a la depravación mental, para que hicieran lo que no debían hacer"* (versículo 28). Pensaron que no valía la pena descubrir el propósito de Dios para el mundo o retener el conocimiento de Dios con respecto a por qué creó a la humanidad. No consultaron para descubrir por qué Dios hizo mujeres y varones. No intentaron saber lo que Dios sabe sobre las cosas que ha creado. No querían saber, así que confiaron en sus propias inclinaciones.

Las frases de arriba de Romanos son una descripción de la humanidad en general. Hemos rechazado conocer a Dios y sus propósitos, y por eso la intención original de Dios para nosotros no se ha comunicado en muchas de nuestras culturas y tradiciones. Se ha perdido u oscurecido. En su lugar, nos han llegado ideas distorsionadas, por eso la gente no sabe cómo relacionarse unos con otros como debieran. Esta es la situación en la que a menudo se encuentra la gente, y por eso es esencial que recuperemos nuestro propósito original en Dios.

*Pensamiento:* Nos hemos alejado cada vez más de la intención y el diseño originales de Dios, así que cada vez operamos menos como deberíamos.

*Lecturas:* Salmos 119:97-112; Romanos 1:16-32

*Día 8*

# CUANDO SE DESCONOCE EL PROPÓSITO, EL ABUSO ES INEVITABLE

*"Hay caminos que al hombre le parecen rectos, pero que acaban por ser caminos de muerte".* —Proverbios 14:12

No puedes alejarte de Dios y ser verdaderamente exitosa. No puedes cortar tu relación con el Fabricante y esperar encontrar piezas originales en algún otro lugar. Cuando ignoras la garantía, cualquier pieza que encuentres por ti misma no será genuina. No puedes convertirte en un "producto" mejor sin la ayuda del Fabricante.

Si creemos que podemos descubrir cómo ser una persona mejor sin Dios, estamos en problemas, porque las consecuencias son serias. Cuando creemos que no necesitamos a Dios, vamos de mal en peor. ¿Cuántas personas han estado sufriendo de estas mismas consecuencias?

*"El corazón humano genera muchos proyectos, pero al final prevalecen los designios del Señor"* (Proverbios 19:21). Tenemos muchos planes, pero Dios tiene un propósito. Nuestros planes pueden no estar en armonía con el propósito de Dios. Creo que es apropiado incluir el concepto de opiniones o percepciones en la palabra *"planes"*. Tenemos muchas opiniones y percepciones con respecto a cómo deberían ser las cosas o para qué son, pero Dios tiene un propósito para todo lo que hizo. Por lo tanto, lo

que tú crees que es el propósito de algo, y cuál es realmente su propósito, puede que sean cosas distintas.

El problema es que si tus planes no están en consonancia con el propósito de Dios, entonces sufrirás tú misma o abusarás de otros, porque donde se desconoce el propósito, el abuso es inevitable. Si no conoces el propósito de algo, lo único que harás será abusar de ello, por muy sincera, comprometida, seria o inocente que seas.

Si no quieres vivir en el propósito de Dios para la humanidad, entonces terminarás haciéndote daño a ti misma de algún modo. Dios nos ha creado con dones y talentos que tienen la intención de ser usados para cumplir sus propósitos; sin embargo, como a menudo no sabemos cómo debemos usarlos, tomamos los talentos que Él nos ha dado y los usamos contra nosotros mismos y contra otros.

Recuerda que Dios no se aventuró al mundo de la fabricación con la espera de poder crear algo que funcionara. Él comenzó con un diseño original en mente, y su producto terminado va paralelo a su propósito determinado. Él es el único que sabe bien cómo debe operar la humanidad.

*Pensamiento:* Dios nos ha creado con dones y talentos que tienen la intención de ser usados para llevar a cabo sus propósitos.

*Lecturas:* Proverbios 14:1-2; Efesios 5:1-20

Día 9

## PARA DESCUBRIR EL PROPÓSITO, NUNCA PREGUNTES A LA CREACIÓN, SINO AL CREADOR

*"A pesar de todo, Señor, tú eres nuestro Padre; nosotros somos el barro, y tú el alfarero. Todos somos obra de tu mano".* —Isaías 64:8

Hemos visto que nadie conoce un producto y cómo debería funcionar mejor que quien lo hizo. Del mismo modo, quien creó el producto es quien mejor puede arreglarlo cuando se ha estropeado. Cuando un alfarero trabaja en una vasija y ve que tiene un defecto, el alfarero o bien remodela el barro y comienza de nuevo, o si la vasija ya se ha calentado en un horno, el alfarero tiene que romperla y comenzar de nuevo.

Ahora bien, cuando el barro empieza a replicarle al alfarero, algo anda mal (ver Isaías 29:16). El alfarero sabe mejor que el barro la forma que este debería tener. La vasija no puede decirle al alfarero: "No deberías haberme hecho así", porque la vasija no puede ver el cuadro general como puede verlo el alfarero. Cuando se trata de la relación entre varones y mujeres y la devaluación de las mujeres de parte de la sociedad, a menudo hemos murmurado contra el Alfarero, en vez de intentar entender cómo y por qué fuimos creados. Además, sustituimos con fallos algunos detalles del diseño original del Maestro. Algunos necesitamos que se remodelen nuestras actitudes, perspectivas y vidas. Unos cuantos hemos andado tanto tiempo en dirección equivocada que puede que necesitemos una reparación total. Los principios de Dios son muy serios y muy asombrosos, pero también muy necesarios para la restauración de la humanidad a los propósitos de Dios.

Así que si quieres descubrir el propósito de algo, nunca preguntes a la creación, sino a quien lo creó. La creación quizá piense que no tiene valor, pero el creador sabe de qué está hecha. Muchas personas piensan que no tienen valía o propósito; sin embargo, el primer capítulo de nuestro Manual nos dice: *"Dios miró todo lo que había hecho, y consideró que era muy bueno"* (Génesis 1:31). Hay algo bueno en la creación de Dios, por muy confusa que nos parezca. Hay algo bueno en cada persona, aunque sea difícil encontrarlo. Hay algo bueno en todo lo que Dios ha hecho. Tenemos que acudir a Él para encontrar los buenos propósitos para los cuales nos ha creado. *"Pues Dios es quien produce en ustedes tanto el querer como el hacer para que se cumpla su buena voluntad"* (Filipenses 2:13).

*Pensamiento*: Quien creó el producto, es quien mejor puede arreglarlo cuando se estropee.

*Lecturas*: Jeremías 18:1-6; Filipenses 2:12-16

## Día 10

# ENCONTRAMOS NUESTRO PROPÓSITO SOLAMENTE EN NUESTRO HACEDOR

*"El camino de Dios es perfecto; la palabra del Señor es intachable. Escudo es Dios a los que en él se refugian".*
—Salmos 18:30

Cuando intentamos enmendar nuestras relaciones o cambiar la sociedad usando nuestros propios métodos, nunca logramos tener éxito totalmente, y a menudo fallamos estrepitosamente. Fallamos porque intentamos producir un cambio con las motivaciones incorrectas y usando los métodos incorrectos. Por eso tenemos que volver al Fabricante y recibir sus instrucciones para nuestras vidas. La única forma en que podemos tener éxito es descubrir y vivir en los propósitos de nuestro Hacedor, pasando por una transformación en la forma en que pensamos de nosotros mismos como seres humanos.

Romanos 12:1-2 nos anima a entregarnos a Dios para poder recibir sus principios y vivir de acuerdo con ellos, en vez de conformarnos al patrón de vida de este mundo:

*Cada uno de ustedes... ofrezca su cuerpo como sacrificio vivo, santo y agradable a Dios. No se amolden al mundo actual, sino sean transformados mediante la renovación de su mente. Así podrán comprobar cuál es la voluntad de Dios, buena, agradable y perfecta.*

En otras palabras, no debemos conformarnos a las opiniones de este mundo sobre el propósito de la humanidad, sino ser transformados en la intención original de Dios en la creación, para que podamos vivir en paz con nosotros mismos y con los demás. Hacemos esto presentando nuestros cuerpos a Dios, para que se alineen con su propósito para nuestro cuerpo, y presentándole nuestra mente, para que se pueda alinear con su propósito para nuestra mente. Nuestra mente debe ser transformada mientras se renueva. Entonces, verdaderamente seremos capaces de comprobar *"cuál es la voluntad de Dios, buena, agradable y perfecta"*.

Muchos de nosotros no conocemos el propósito perfecto de Dios para nuestro cuerpo. Hemos estado abusando de nuestro cuerpo, vendiéndolo muy barato, llenándolo de alcohol, drogas, nicotina o demasiada comida. Hemos estado estropeando nuestra vida.

Nuestro cuerpo fue creado como el templo de Dios. Cuando tú presentas tu cuerpo al Fabricante, ¿qué hace con él? Lo llena con su propio Espíritu, para que puedas estar llena de su vida y propósito. *"¿Acaso no saben que su cuerpo es templo del Espíritu Santo, quien está en ustedes y al que han recibido de parte de Dios? Ustedes no son sus propios dueños"* (1 Corintios 6:19).

Cuando presentas tu espíritu al Fabricante, se convierte en *"la lámpara de Jehová"* (Proverbios 20:27, RVR-60), una expresión de la luz de Dios. Sucede igual cuando presentas tu mente y tu alma a tu Hacedor: son renovadas por su Palabra, que es una luz para tu camino (ver Salmo 119:105). David dijo: *"La ley de Jehová es perfecta, que convierte el alma; El testimonio de Jehová es fiel, que hace sabio al sencillo"* (Salmos 19:7, RVR-60). Los caminos de Dios transformarán tu espíritu, tu mente y tu aspecto. Cuando te presentas a Dios y aprendes de Él, entiendes su propósito.

Por lo tanto, para perseguir el propósito de Dios, primero debes presentarte ante Él para que puedas *conocer* su perfecta voluntad. Entonces serás transformada, para que puedas *hacer* su perfecta voluntad. De esta forma, sus buenos propósitos se cumplirán en ti.

*Pensamiento:* Tenemos que vivir una transformación en la forma en que pensamos de nosotros mismos como seres humanos.

*Lecturas:* Salmos 18:1-2, 30-36; Romanos 12

## Día 11

# EL PROPÓSITO DE DIOS ES LA CLAVE PARA NUESTRA REALIZACIÓN

*"Olvidando lo que queda atrás y esforzándome por alcanzar lo que está delante, sigo avanzando hacia la meta para ganar el premio que Dios ofrece mediante su llamamiento celestial en Cristo Jesús".* —Filipenses 3:13-14

Ya que todo lo que Dios creó fue intencional, podemos llegar a la conclusión de que la mujer, al igual que el varón, fue creada intencionalmente. Dios no se preguntó por qué había creado a la mujer o cuál debería ser su propósito tras haberla creado. Él tenía muy claro por qué hizo esta maravillosa creación y, por lo tanto, no tenemos que preguntarnos al respecto. La mujer fue creada para ayudar a cumplir el propósito eterno de Dios. Su propósito eterno es grande, y dentro de su propósito más grande, Él tiene muchos propósitos más pequeños. Tanto la mujer como el varón han de descubrir sus propósitos individuales, que son parte del plan más grande de Dios.

Las ideas clave que hemos estado abordando en este devocional son que Dios tiene un propósito para todo, y que Él siempre realizará su propósito al final. El mejor modo de experimentar satisfacción en tu vida es encontrar el propósito de Dios y después trabajar con Él para cumplirlo. En el devocional anterior leímos: *"Por lo tanto, hermanos, tomando en cuenta la misericordia de Dios, les ruego que cada uno de ustedes, en adoración espiritual, ofrezca su cuerpo como sacrificio vivo, santo y agradable a Dios"* (Romanos 12:1). Llegar a ser lo que Él ha propuesto para nosotros es un acto de adoración a nuestro Creador.

En los devocionales que siguen aprenderemos más sobre el propósito, la naturaleza y el diseño de la mujer, tal como fue creada a imagen de Dios y tal como se relaciona con el varón. Estos son los propósitos ideales de Dios para mujeres y varones, los cuales deseamos avanzar. Sin embargo, debemos tener en mente que entrar en los propósitos de Dios será un proceso continuo de aprendizaje y transformación; por lo tanto, necesitamos ser pacientes con nosotros mismos. Comenzamos aquí donde estamos ahora, no en el lugar donde deberíamos estar, y no en el lugar al que llegaremos.

Con respecto a nuestro crecimiento espiritual, Pablo nos enseñó que hemos de olvidar las cosas que quedan atrás y proseguir hacia lo que está delante. Debemos proseguir a la meta, que es el *"premio del supremo llamamiento de Dios en Cristo Jesús"* (Filipenses 3:14, RVR-60). Cuando Jesús vino a la tierra, nos mostró la meta que hemos de alcanzar; por lo tanto, todo lo que Él dice es lo que hemos de perseguir. Él nos mostró el plan original de Dios para que pudiéramos tener algo a lo cual apuntar. Nunca deberíamos aceptar como la norma lo que tenemos actualmente. Aunque pueda ser la tendencia actual, si no es lo que era intención de Dios, no es normal. Nunca deberíamos vivir tan por debajo de nuestro privilegio que comencemos a creer una mentira y llamarla verdad.

Cuando nosotros (tanto mujeres como varones) obtengamos un entendimiento de nuestra singularidad y propósito en Dios, podremos ayudarnos unos a otros para entender adecuadamente y vivir las vidas para las cuales Dios nos creó. Entonces seremos capaces de vivir en una relación correcta con Dios, y en la libertad y las bendiciones que Él planeó para nosotros en la creación. Además, cuando enmendemos las relaciones rotas entre mujer y varón, que fueron ambos creados a imagen de Dios, comenzaremos a ver sanidad y nuevo propósito para los individuos, comunidades, y naciones de nuestro mundo.

*Pensamiento:* Llegar a ser lo que Dios ha propuesto para nosotros es un acto de adoración a nuestro Creador.

*Lecturas:* Salmos 95:1-7; Filipenses 3:7-16

*Día 12*

## LO BUENO Y LO MEJOR

"*«Todo está permitido», pero no todo es provechoso. «Todo está permitido», pero no todo es constructivo*".

—1 Corintios 10:23

Acaso no sería triste ser seria, comprometida y fiel... con lo incorrecto? Sería terrible estar ocupada haciendo las cosas incorrectas durante toda tu vida. Es posible hacer cosas buenas, pero no las cosas mejores según los propósitos de Dios para ti.

Hay muchas personas buenas que están buscando relaciones, carreras profesionales y metas en la vida que no son las mejores para ellas. Lo que nos debe preocupar es vivir de forma eficaz.

Dios nos creó con un propósito que es bueno para nosotros. Supongamos que Jesús se hubiera convertido en un sacerdote del Sanedrín, la corte suprema y tribunal de los judíos. Eso hubiera sido algo bueno. Supongamos que se hubiera convertido en miembro de los fariseos y hubiera sido uno de los líderes en la estructura social de Galilea y Judea. Eso hubiera sido bueno. Supongamos que se hubiera convertido en un trabajador social, ayudando a los pobres, alimentando a multitud de personas cada día con pan y pescado. ¿Acaso no hubiera sido bueno? Claro que sí. Supongamos que hubiera dedicado cada hora a sanar a los enfermos y resucitar a los muertos. Eso hubiera sido algo bueno,

¿verdad? Sin embargo, ninguna de estas cosas habría sido lo correcto para Él a fin de cumplir su principal propósito de ser el Salvador de la humanidad.

En verdad, Jesús siempre fue capaz de decir: "Yo conozco el propósito de mi vida. No me distraigan con cosas que son solamente buenas. Debo perseguir el propósito más alto".

Descubrir nuestro propósito nos capacita para dejar de malgastar nuestra vida y comenzar a cumplir nuestro potencial. Debemos tener cuidado de no desviarnos durante el camino. La mejor forma de destruir a alguien es desviar a esa persona de su verdadero propósito.

En el Antiguo Testamento, Nehemías cumplió un propósito importante en la vida, pero se podía haber desviado. Era un hebreo exiliado que trabajaba como copero para el rey de Persia cuando oyó que Jerusalén estaba en una condición desastrosa. Se angustió por ello, y tomó una determinación: "Tengo que reparar la ciudad". Así que oró, y obtuvo el permiso del rey para reconstruir los muros de Jerusalén. El favor de Dios estaba en sus planes porque este era el propósito para el que había sido creado. Fue y comenzó a reconstruir los muros con la ayuda del remanente de los judíos en Jerusalén.

A algunos hombres cerca de Jerusalén no les gustó lo que Nehemías estaba haciendo, e intentaron detenerlo. Sin embargo, Nehemías les dijo: *"Estoy ocupado en una gran obra, y no puedo ir. Si bajara yo a reunirme con ustedes, la obra se vería interrumpida"* (Nehemías 6:3). Del mismo modo, ¡no te permitas ser distraída de tu propósito principal en Dios!

*Pensamiento*: Descubrir nuestro propósito nos permite dejar de malgastar nuestra vida y comenzar a cumplir nuestro potencial.

*Lecturas*: Nehemías 6:1-15; Gálatas 6:7-9

*Día 13*

# EL ORO DENTRO DE TI

*"¡Te alabo porque soy una creación admirable! ¡Tus obras son maravillosas, y esto lo sé muy bien!".*
—Salmos 139:14

A mitad del siglo XX, en Bangkok (Tailandia), el gobierno quería construir una larga autopista que atravesaba una aldea. En el camino de la carretera planeada había un monasterio budista con una pequeña capilla, de modo que tuvieron que reubicar el monasterio, incluida una pesada estatua de arcilla de Buda de once pies (3,40 metros), en otro lugar. Cuando los obreros transportaban la estatua de Buda a la nueva ubicación y comenzaron a bajarla para situarla en su lugar, inesperadamente la arcilla de la estatua comenzó a resquebrajarse y caerse. La gente tenía miedo porque, para ellos, era un precioso símbolo religioso y no querían que fuera destruido. De repente, los obreros se quedaron mirando asombrados porque, a medida que se caía la arcilla, ¡vieron que la estatua era de oro puro debajo de esa capa! Antes de que movieran la estatua, la gente creía que valdría unos cincuenta mil dólares; en la actualidad, ese Buda de oro vale millones y, debido a la historia que hay detrás, es visitada por cientos de miles de personas cada año.

Esta historia ilustra que lo que podemos ver no es necesariamente lo que hay en realidad. Creo que muchos de nosotros vivimos como vasijas de barro cuando, en realidad, por dentro somos de oro puro. Este oro lo forman los sueños que tenemos o que una vez tuvimos para nuestras vidas y que aún no son realidad, los dones y talentos que Dios nos ha dado y que no hemos desarrollado aún, el propósito para nuestras vidas que aún no se ha cumplido. ¿Cómo quitas la arcilla y dejas al descubierto el oro que hay en ti? Tus sueños, talentos y deseos pueden ser refinados en un proceso de descubrir y cumplir la visión de tu vida, para que así pueda resplandecer el oro puro de tus dones únicos y personales para este mundo.

Padre, tú me has creado con dones únicos y preciosos, como el oro. Ayúdame a descubrir esos dones y a usarlos para bendecir al mundo que me rodea. En el nombre de Jesús, amén.

*Pensamiento:* Muchos de nosotros vivimos como vasijas de barro cuando por dentro somos de oro puro.

*Lecturas:* Salmos 139:1-16; 1 Pedro 2:9-10

## Día 14

## NO RENUNCIES A UNA VIDA CON PROPÓSITO

*"Yo les compensaré ["restituiré", RVR-60] a ustedes por los años en que todo lo devoró ese gran ejército de langostas".*
—Joel 2:25

¿Aún te preguntas de qué se trata tu vida? Sé que no es fácil echar un vistazo profundo a tu vida, pero es necesario si quieres descubrir tu verdadero propósito en la vida. Estarás ocupada haciendo una obra significativa cuando sepas por qué estás aquí. Incluso a los doce años de edad, Jesús estaba ocupado en su propósito (ver Lucas 2:41-49). ¿Acaso no es esa una forma emocionante de vivir? No renuncies a vivir una vida con propósito, al margen de cuál sea tu edad. Ocúpate en lo correcto.

Yo ya no tengo un "empleo", pero solía tenerlo. Trabajé para el gobierno de las Bahamas por doce años. Enseñé en una escuela secundaria por cinco años. Trabajé en una tienda de alimentos antes de eso, reponiendo las estanterías. Trabajé en un almacén levantando cajas. Trabajé en una empresa de publicidad, haciendo anuncios, dibujos y demás cosas. Esas fueron experiencias de aprendizaje. Después encontré mi verdadero trabajo de ayudar a otros a entender cómo manifestar su potencial de liderazgo que Dios les dio. No me despierto por la mañana y "voy" a trabajar. Me despierto y me convierto en aquello para lo que Dios me creó.

Jesús dijo: "*Así alumbre vuestra luz delante de los hombres, para que vean vuestras buenas obras, y glorifiquen a vuestro Padre que está en los cielos*" (Mateo 5:16, RVR-60). Cuando otras personas ven tu obra, cuando te ven manifestando lo que Dios puso en ti, glorificarán a Dios. Naciste para hacer algo tan maravilloso que solo Dios podría recibir el mérito de ello.

Dios desea que todas las personas encuentren su propósito y lo cumplan. Una vez hablé sobre el propósito en una iglesia en Baton Rouge, Luisiana. Una mujer se acercó a mí tras la reunión y me dijo: "Tengo cincuenta y seis años, hermano. ¿Dónde estaba usted hace cincuenta y seis años atrás?". Yo le pregunté: "¿A qué se refiere?". Ella me respondió: "Usted es la primera persona que conozco que me ayuda a entender que tengo una razón para vivir, y ahora no tengo forma de recuperar esos cincuenta y seis años".

A veces la gente comienza a sentirse como esta mujer; están angustiados porque han malgastado mucho tiempo. Si este es tu caso, no te desanimes. Una de las cosas maravillosas de Dios es que Él tiene una forma de restaurar los años que se comió la langosta (ver Joel 2:23-26). Cuando acudes a Él, Él sabe cómo compensar el tiempo que has perdido.

Sin embargo, Dios preferiría que lo siguiéramos a Él y conociéramos nuestro propósito durante toda nuestra vida. Por eso la Palabra de Dios dice con mucha fuerza a los jóvenes: "*Acuérdate de tu creador en los días de tu juventud*" (Eclesiastés 12:1). Dios quiere que te acuerdes del Fabricante pronto para que Él pueda ponerte en el camino correcto para toda tu vida.

Solo tenemos una vida, y tenemos que conseguir que esa vida cuente si queremos cumplir nuestro propósito. Recuerda: un propósito dado por Dios solo se puede cumplir mediante su guía y su fuerza. "*Al que puede hacer muchísimo más que todo lo que podamos imaginarnos o pedir, por el poder que obra eficazmente en nosotros"* (Efesios 3:20).

*Pensamiento:* Naciste para hacer algo tan maravilloso que solo Dios podría recibir el mérito de ello.

*Lecturas:* Salmos 27:7-14; Efesios 3:14-21

*Día 15*

# EL PROPÓSITO DIRIGE TU VIDA DE ORACIÓN

*"Venga tu reino, hágase tu voluntad en la tierra como en el cielo".* —Mateo 6:10

Orar no significa convencer a Dios para que haga tu voluntad, sino hacer su voluntad por medio de la tuya. Por lo tanto, la clave para la oración eficaz es entender el propósito de Dios para tu vida y la razón por la que existes: como ser humano en general y como individuo concretamente. Esta es una verdad especialmente importante para recordar: cuando entiendes cuál es tu propósito, se convierte en el "material en bruto", el asunto fundamental, para tu vida de oración. La voluntad de Dios es la autoridad de tus oraciones. La oración reclama lo que Dios ya ha propuesto y predestinado: continuar su obra de creación y desempeñar sus planes para la tierra.

> *En Cristo también fuimos hechos herederos, pues fuimos predestinados según el plan de aquel que hace todas las cosas conforme al designio de su voluntad.* (Efesios 1:11)

El Padre lleva a cabo todo *"conforme al designio de su voluntad"*. De este modo, tu propósito en Dios es el material fundamental para tus oraciones con respecto a provisión, sanidad, liberación, poder, protección, aguante, paciencia, autoridad, fe, alabanza, acción de gracias, confianza, seguridad, valentía y paz, para que todas tus necesidades sean suplidas.

Algunas personas dicen que no saben por qué cosas orar. La respuesta es que no hemos de pedir a Dios nada que esté fuera de nuestro propósito. *"Y, cuando piden, no reciben porque piden con malas intenciones, para satisfacer sus propias pasiones"* (Santiago 4:3). Si pedimos lo que es contrario a nuestro propósito, quedaremos frustrados. Jesús siempre oraba para que se hiciera la voluntad de Dios, y entonces obraba para llevarla a cabo.

Todo lo que necesitas está disponible para cumplir tu propósito. Todo lo que Dios es, y todo lo que Él tiene, puede recibirse mediante la oración. La medida hasta la cual te apropias de la gracia de Dios está determinada por la medida de tus oraciones.

Padre, no quiero hacer mi voluntad, sino tu voluntad. Guíame a conformar mis oraciones y a mí misma según el propósito de tu voluntad. En el nombre de Jesús, amén.

*Pensamiento:* El propósito es el material en bruto para tu vida de oración.

*Lecturas:* Daniel 2; 2 Tesalonicenses 1:11-12

Día 16

## CREADA A SU IMAGEN

*"Y creó Dios al hombre a su imagen, a imagen de Dios lo creó; varón y hembra los creó".* —Génesis 1:27 (RVR-60)

Para ser una mujer de propósito y poder es esencial entender los fundamentos de los propósitos de Dios, tanto para las mujeres como para los varones en la tierra. La humanidad fue creada a imagen de Dios. Cuando Dios hizo a la humanidad, esencialmente sacó al hombre de Él mismo, de modo que la esencia del hombre fuera como la de Él. Ya que *"Dios es espíritu"* (Juan 4:24), Él creó al hombre como un espíritu. El espíritu es eterno. La humanidad fue creada como un ser eterno, porque Dios es eterno.

Es importante reconocer que aún no estamos hablando sobre varón y mujer; fue la *humanidad* a la que Dios creó a su imagen. Repito: el hombre es espíritu, y los espíritus no tienen género. La Biblia nunca habla de un espíritu varón o hembra.

¿Cuál fue la razón por la cual Dios creó a la humanidad a su imagen? Él no creó a su imagen a ninguno de los animales o las plantas. Ni siquiera hizo a los ángeles a su imagen. El hombre es el único ser de la creación de Dios que es como Él.

Dios creó a la humanidad para una relación con Él mismo: para ser su familia, su descendencia, hijos espirituales de Dios.

Es la naturaleza de Dios amar y dar. Él quería un ser que pudiera ser el objeto de su amor y gracia. Él quería que el hombre fuera el recipiente de todo lo que Él es y de todo lo que Él tiene.

El hecho de que la humanidad fue creada a imagen de Dios es una revelación asombrosa sobre nuestra relación con Él. Dios deseaba hijos que fueran semejantes a Él mismo, y sin embargo, no solo lo deseaba y después se alejó sin hacer nada al respecto. Él concibió su deseo y lo hizo realidad.

En el Nuevo Testamento, Jesús afirmó y fue ejemplo del amor de Dios por nosotros. Él dijo: *"Porque de tal manera amó Dios al mundo, que ha dado a su Hijo unigénito"* (Juan 3:16, RVR-60). *"Ha dado"*. Él dio porque amó. No se puede amar sin dar. Cuando amamos, damos; es automático. Sin embargo, para recibir amor de una manera que sea verdaderamente satisfactoria, el receptor tiene que ser semejante al dador en naturaleza, pues de otro modo el amor no sería completo. No se puede dar de manera significativa a algo que no es como nosotros, porque no puede recibir nuestro regalo de un modo que satisfará nuestro dar. Dar solamente es completo cuando receptor y dador son semejantes. Dios deseaba un amor compartido y mutuo, no un amor unilateral.

*Pensamiento*: Cuando Dios hizo a la humanidad, esencialmente sacó al hombre de Él mismo, de modo que la esencia del hombre fuera como la de Él.

*Lecturas*: Génesis 1:26-28; Hechos 17:24-28

*Día 17*

## CREADOS PARA EL AMOR

*"Nosotros amamos porque él [Dios] nos amó primero".*
—1 Juan 4:19

Seguimos explorando el tema de que Dios creó al hombre como espíritu para que el hombre y Él pudieran compartir comunión. El propósito supremo tras la creación del "hombre" (tanto varón como mujer) era el amor. La Escritura nos dice que *"Dios es amor"* (1 Juan 4:8, 16). Lo que me gusta especialmente de esta afirmación es que Dios no solo da amor, Él no solo muestra amor; Él *es* amor. Él desea compartir con nosotros su amor porque el amor es su cualidad esencial.

Dios tiene muchas otras cualidades, además del amor, que podríamos enumerar. Él es justo, santo, omnipotente y todopoderoso. Él es todas estas cosas maravillosas y muchas más. Dios podría ser todos estos atributos y aun así seguir existiendo por sí mismo en soledad; sin embargo, la naturaleza del amor es dar de sí mismo, y no puede dar en soledad. Para que el amor sea satisfecho, debe tener alguien a quien amar, y tiene que dar a su amado.

*"Yo soy el Señor, y no hay otro; fuera de mí no hay ningún Dios"* (Isaías 45:5). No hay ningún otro Dios fuera del Señor y, sin embargo, Él es un Dios de relación, no de soledad. Él desea a alguien de su naturaleza y semejanza a quien poder

amar; por lo tanto, la principal motivación de Dios en la creación de la humanidad, fue el amor. Él creó a varones y mujeres porque quería compartir su amor con seres como Él mismo, seres creados a su imagen. ¡Esta verdad me parece asombrosa!

Dios vio lo que había creado, y ahí estaban esos hermosos duplicados de sí mismo para satisfacer su amor. Este no es un concepto abstracto. Significa que toda la raza humana, incluidos tú y yo, fue creada por Dios para ser amada por Él.

Debemos recordar que la única razón por la que podemos tener esta comunión con Dios es que Él hizo que la humanidad fuera espíritu, como Él es Espíritu. Por eso Jesús nos dice que *"Dios es espíritu, y quienes lo adoran deben hacerlo en espíritu y en verdad"* (Juan 4:24).

Aunque Dios es nuestro Creador, siempre ha hecho hincapié en que Él es también nuestro Padre. No era su deseo que pensáramos en Él como un Dios asombroso o un *"fuego consumidor"* (Deuteronomio 4:24). Aunque a veces es difícil para nuestras mentes religiosas entender este concepto, Dios quiere que nos acerquemos a Él como un hijo se acercaría a un padre amoroso. *"Así que acerquémonos confiadamente al trono de la gracia para recibir misericordia y hallar la gracia que nos ayude en el momento que más la necesitemos"* (Hebreos 4:16).

Dios creó a los seres humanos para tener a alguien a quien amar, alguien que caminara con Él y trabajara con Él en sus propósitos para la tierra. Por eso, a pesar de cuántas relaciones tengas o cuántos regalos compres para otros, al final no vas a estar satisfecha hasta que ames a Dios. Dios debe ocupar el primer lugar en tu vida. Tu amor fue diseñado para ser satisfecho en Él.

*Pensamiento:* Dios desea compartir con nosotros su amor porque el amor es su cualidad esencial.

*Lecturas:* Salmo 103; 1 Juan 4:7-21

## Día 18

## DOS CASAS FÍSICAS

*"Y creó Dios al hombre a su imagen, a imagen de Dios lo creó; varón y hembra los creó".* —Génesis 1:27 (RVR-60)

En la creación, Dios puso a la humanidad en dos casas físicas: varón y hembra. Esto significa que el "hombre", el espíritu, existe en el interior de cada varón y de cada hembra. La esencia tanto del varón como de la mujer es el espíritu residente en ellos, llamado "hombre". Este hecho se pasa por alto a menudo, de modo que quiero repetirlo: según la Biblia, todas las personas, varones y mujeres igualmente, son "hombre". Génesis 5:1-2 dice: *"El día en que creó Dios al hombre, a semejanza de Dios lo hizo. Varón y hembra los creó; y los bendijo, y llamó el nombre de ellos Adán [hombre], el día en que fueron creados"* (RVR-60).

¿Por qué tomó Dios al hombre, que es espíritu, y lo puso en dos entidades físicas separadas en lugar de solamente en una? Fue porque Él quería que el hombre cumpliera dos propósitos distintivos. Exploraremos la importancia de este hecho en devocionales posteriores. Por ahora, necesitamos recordar que el espíritu-hombre no tiene género y que, a fin de cumplir sus propósitos eternos, Dios utilizó dos formas físicas para expresar el ser espiritual hecho a su imagen.

En la Biblia, cuando Dios habla a la humanidad utiliza el término *hombre*. No se dirige a varón o mujer a menos que esté hablando a individuos. En cambio, Él habla al hombre que hay en el interior de ambos; se dirige al espíritu-hombre. Dios trata con nuestro ser interior (ver Efesios 3:16). A muchos de nosotros nos interesa la manifestación externa del varón o la hembra, cuando deberíamos enfocarnos primero en el espíritu-hombre. Pablo dijo en Gálatas 3:28 que en el cuerpo de Cristo no hay ni varón ni hembra, ni esclavo ni libre.

Así, la persona que vive en tu interior, tu yo esencial, es el espíritu-hombre. Aunque varones y hembras tienen diferencias, son de la misma esencia. Como los seres humanos tienen comunión con Dios y lo adoran mediante sus espíritus, esto significa que tanto varones como mujeres tienen acceso espiritual directo a Dios y son individualmente responsables ante Él.

*Pensamiento:* Dios usó dos formas físicas para expresar el ser individual hecho a su imagen.

*Lecturas:* Génesis 5:1-2; Gálatas 3:26-29

## Día 19

## LA BUENA IDEA DE DIOS

*"Con amor eterno te he amado; por eso te sigo con fidelidad".* —Jeremías 31:3

Dios no creó a la mujer como un pensamiento de última hora, sino como una parte integral de su plan para la creación. Como tal, Él la diseñó y formó en su amor y con un cuidado particular. Su peculiaridad es un reflejo de los propósitos de Dios y de su diseño para ella.

Mujeres, ¡ustedes no entienden cuán especiales son! Adán ni siquiera se había imaginado a la mujer, pero Dios la tenía particularmente en mente. En Génesis 2:18 Dios dijo: *"No es bueno que el hombre esté solo. Voy a hacerle una ayuda adecuada"*. En esencia, Adán estaba dando vueltas por los matorrales pensando en nombres para los animales (ver versículos 19-20), y dijo Dios: "Esto no es bueno. Este hombre necesita ayuda". Así que fue Dios quien dijo que el hombre necesitaba a la mujer. Tú eres la idea de Dios y su creación única.

Mujeres, no importa lo que ningún hombre pueda decir de ustedes, no importa lo que tú pienses de ti misma, porque eres una buena idea. La mente de Dios pensó en ti, y el Espíritu de Dios te hizo existir. Eres el resultado de su idea, y eso te hace muy valiosa para Él.

Dios puso a la mujer específicamente en el jardín del Edén junto al hombre. En Génesis 3:8 leemos que Dios caminaba por el jardín en el frescor del día para reunirse con Adán y Eva. El jardín representa la relación del hombre con Dios, el lugar de comunión.

No puedes ser la clase de mujer que deberías ser si estás fuera de Dios, al igual que ningún hombre puede ser nada fuera de Dios. Cualquier mujer que esté fuera de una relación con el Señor es una mujer peligrosa, así como un hombre que esté fuera de una relación con el Señor es peligroso. Puedes ser la persona que Dios quiso que fueras, y puedes cumplir el propósito para el que fuiste creada, solo mientras estés en el jardín de la comunión con Dios. Pablo nos advierte en Efesios 5:17-18: *"Por tanto, no sean insensatos, sino entiendan cuál es la voluntad del Señor… sean llenos del Espíritu"*.

Por lo tanto, no puedes convertirte en todo lo que Dios quiere que seas como mujer de propósito y poder, a menos que estés continuamente en comunión con Él, llena de su Espíritu, aprendiendo su voluntad y obedeciendo su Palabra. Muchas mujeres hoy no están viviendo una vida piadosa. Se han rebelado contra el plan de Dios. Están viviendo fuera del jardín en el desierto. Si esto describe tu vida, vuelve al jardín de la comunión con Dios hoy. Tu Padre celestial te está esperando. *"Les daré un corazón que me conozca, porque yo soy el Señor. Ellos serán mi pueblo, y yo seré su Dios, porque volverán a mí de todo corazón"* (Jeremías 24:7).

*Pensamiento:* Una mujer no puede cumplir su propósito a menos que esté en una relación con Dios.

*Lecturas:* Salmos 51:1-13; 2 Pedro 1:3-11

*Día 20*

## DE LA MISMA SUSTANCIA

*"De la costilla que le había quitado al hombre, Dios el Señor hizo una mujer y se la presentó al hombre".*
—Génesis 2:22

Hubo un diseño hermoso en la creación de la mujer, así como un significado profundo. Cuando Dios terminó de crearla, ella tenía la misma sustancia que el hombre. Era tan semejante a él que, cuando Dios se la presentó, sus primeras palabras fueron: *"Esta sí es hueso de mis huesos y carne de mi carne. Se llamará "mujer" porque del hombre fue sacada"* (Génesis 2:23). Y la mujer se convirtió en su esposa. Las palabras del hombre son a la vez conmovedoras e instructivas. Algo que se forma tiene los mismos componentes que el material del que se formó. Por lo tanto, Dios hizo a la mujer de la parte que tomó del varón para que tuvieran exactamente la misma sustancia.

El primer principio a notar con respecto a la mujer es que fue creada como resultado de algo hermoso. La mujer vino por amor; fue el amor lo que provocó su existencia. El principal propósito de la mujer era ser amada por el varón, así como el principal propósito de Dios al crear al espíritu-hombre era darle amor.

La mujer, como creación de Dios, es fascinante porque tiene un paralelismo exacto con su creación del hombre. Así como Dios sacó al hombre de sí mismo y lo creó como un ser espiritual, así sacó a la mujer del hombre y le hizo un ser físico. Dios, que es amor, deseaba tener alguien a quien darle su amor, y así creó al hombre de sí mismo. De forma similar, el varón necesitaba alguien a quien darle su amor, y así Dios creó a la mujer del propio cuerpo del varón. Este paralelismo en la creación ilustra la unidad y el amor mutuo que fueron creados para tener Dios y el hombre, así como el varón y la mujer.

La palabra "*costilla*" en Génesis 2:22 es la palabra hebrea *tsela*. No significa necesariamente una costilla como entendemos la palabra. Podría significar "costado" o "cámara". La Escritura nos dice que Dios sacó a la mujer de una parte del hombre porque el receptor tiene que ser exactamente como el dador. Así como el hombre necesitaba ser espíritu para recibir amor de Dios y estar en una relación con Él, la mujer necesitaba tener la misma esencia que el varón para recibir amor de él y estar en una relación con él.

Aunque la mujer fue tomada del hombre y fue creada para ser como él, es una creación distinta. Esto queda resaltado en su diferencia física con respecto al hombre en que ella es capaz de dar a luz hijos. Se podría decir que una mujer es "un hombre con matriz". Ella sigue siendo igual al hombre, pero tiene ciertas diferencias. Estas diferencias son complementarias en naturaleza y están diseñadas para que el varón y la mujer puedan suplir las necesidades emocionales y físicas mutuas mientras son nutridos espiritualmente por Dios y su amor, y así juntos pueden cumplir sus propósitos.

*Pensamiento:* El hombre y la mujer son de la misma sustancia.
*Lecturas:* Génesis 2:21-22; Efesios 5:28-33

## Día 21

# UN LUGAR DE LA CONTINUA PRESENCIA DE DIOS

*"Me llenarás de alegría en tu presencia".* —Salmos 16:11

Dios escogió un lugar especial en el planeta y puso su unción allí por causa del hombre, a quien había creado. Primero Adán, y luego Eva también, fueron puestos en un entorno agradable, un pedacito del cielo en la tierra (ver Génesis 2:8).

Una razón central por la que Dios puso a Adán y Eva en el jardín del Edén fue para que pudieran estar en su presencia todo el tiempo. Podían caminar y hablar con el Señor en el frescor del día. Podían oír su voz. Este era el lugar donde la comunión, la compañía y la unidad con Dios estaban siempre intactas.

Un fabricante siempre pondrá una pieza en el lugar donde mejor lleve a cabo sus propósitos. Dios, como nuestro Hacedor, escogió el mejor lugar y plan posibles para la humanidad. Podemos concluir de lo que hemos aprendido sobre el entorno del jardín que el propósito principal del hombre es estar en la presencia de Dios. El hombre no fue hecho para operar fuera de la presencia del Señor.

Esta es la razón: Dios nunca pretendió que Adán y Eva se fueran del jardín. Quería que *el jardín se moviera por la tierra*. Dios quería que ellos llevaran la presencia del jardín y la esparcieran por todo el mundo. A esto es a lo que se refería cuando les dijo a Adán y Eva que tuvieran dominio sobre la tierra (ver Génesis 1:26-28). Este sigue siendo aún el propósito de Dios. Como dice en Isaías 11:9: *"porque rebosará la tierra con el conocimiento del Señor como rebosa el mar con las aguas"*. Adán y Eva solo podrían cumplir este propósito si estaban en comunión constante con Dios en el jardín.

Del mismo modo, para vivir en tu propósito tienes que tomar la decisión de desarrollar una relación regular y profunda con Dios a través de Cristo. *"Esfuércense para que Dios los halle sin mancha y sin defecto, y en paz con él…crezcan en la gracia y en el conocimiento de nuestro Señor y Salvador Jesucristo"* (2 Pedro 3:14, 18).

*Pensamiento*: Dios no pretendía que Adán y Eva se fueran del jardín. Quería que el jardín se moviera por toda la tierra.

*Lecturas*: Salmos 89:1-18; 1 Tesalonicenses 5:16-24

Día 22

## CONOCE TU IDENTIDAD

*"Pero, cuando venga el Espíritu de la verdad, él los guiará a toda la verdad".* —Juan 16:13

Jesús se entregó a orar y a meditar durante toda su vida terrenal. Estaba en contacto constante con el Padre para saber cómo cumplir el propósito de su vida. Tras un día de ministerio particularmente ocupado en el que había sanado a enfermos y endemoniados, se levantó temprano al día siguiente y fue a orar a un lugar tranquilo. Cuando Pedro y los demás discípulos lo encontraron allí, exclamaron: *"Todo el mundo te busca"* (Marcos 1:37).

Jesús pudo haber disfrutado de las alabanzas de la gente, pero continuó siguiendo el propósito de su vida. Dios le había mostrado el siguiente paso cuando estaba en oración. Dijo: *"Vámonos de aquí a otras aldeas cercanas donde también pueda predicar; para esto he venido"* (Marcos 1:38).

Hasta que puedas oír la voz de Dios, llegarán obstáculos para impedir que te conviertas en una mujer de propósito y poder. No estás cumpliendo tu propósito hasta que comienzas a hablar y afirmar su Palabra en tu vida. Para hacer esto, tienes que estar en el mismo "entorno de jardín" donde fueron ubicados Adán y Eva al principio.

Tenemos que volver al lugar donde la gloria puede fluir entre Dios y el hombre, donde podemos oír la voz de Dios, y Dios puede darnos dirección. Como el Espíritu Santo ha sido derramado en el corazón de los creyentes, el jardín ya no es un lugar físico en la tierra, está dentro del corazón de cada persona que pertenece a Cristo. Por eso Cristo dijo: "*porque he aquí el reino de Dios está entre vosotros*" (Lucas 17:21, RVR-60). No está dentro de ti por voluntad propia; el reino de Dios está dentro de ti porque el Espíritu de Dios vive dentro de ti.

El reino de Dios (el Espíritu y la voluntad de Dios reinando en nuestro corazón) ha venido a nosotros por medio de Cristo, y es a través de Él como podemos cumplir el mandato de dominar. Somos llamados a difundir el mensaje del evangelio de reconciliación con Dios a través de Cristo y del don del Espíritu Santo, que nos da el poder para vivir, obrar y crear para la gloria de Dios. Si queremos cumplir con nuestras responsabilidades y tareas de dominio, tenemos que hacerlo mediante el Espíritu de Dios a medida que seguimos su voluntad.

*Pensamiento:* No estás cumpliendo tu propósito hasta que puedas oír la voz de Dios y afirmar su Palabra en tu vida.

*Lecturas:* Isaías 11:1-5; Juan 14:15-26

Día 23

# CREADOS PARA EXHIBIR LA NATURALEZA DE DIOS

*"Lámpara de Jehová es el espíritu del hombre".*
—Proverbios 20:27 (RVR-60)

Una de las principales razones por las que Dios creó a Adán y Eva fue para que pudieran estar en relación con Él y permanecer continuamente en su presencia. Una segunda razón esencial fue para que pudieran reflejar su carácter y personalidad. Dos aspectos fundamentales del carácter de Dios son *amor* y *luz*, y el hombre (varón y hembra) está diseñado para mostrar estas cualidades.

El hombre siempre tuvo la función de revelar la naturaleza de Dios en el contexto de estar continuamente conectado a Él en comunión. Jesús habló de esa conexión cuando se refirió a sí mismo como la Vid y a nosotros como los pámpanos: *"Yo soy la vid y ustedes son las ramas. El que permanece en mí, como yo en él, dará mucho fruto; separados de mí no pueden ustedes hacer nada"* (Juan 15:5). Primera de Juan 4:16 dice: *"El que permanece en amor, permanece en Dios, y Dios en él"* y Proverbios 20:27 dice: *"Lámpara de Jehová es el espíritu del hombre"* (RVR-60). Esto significa que cuando tienes comunión con Dios, reflejas su luz. Muestras la naturaleza de Dios, porque *"este es el mensaje que hemos oído de él y que les anunciamos: Dios es luz y en él no hay ninguna oscuridad"* (1 Juan 1:5).

Una tercera razón de la creación de la humanidad fue para que los hombres y las mujeres pudieran compartir la autoridad de Dios. *"Hagamos al ser humano a nuestra imagen y semejanza. Que tenga dominio..."* (Génesis 1:26). Dios nunca quiso gobernar solo. El amor no piensa en esos términos. Siempre se sabe cuando una persona está llena de amor, porque no quiere hacer nada y solamente se fija en sus propósitos. Una persona egoísta quiere toda la gloria, todo el reconocimiento, todo el crédito, toda la atención, todo el poder, toda la autoridad, todos los derechos y todos los privilegios; pero una persona de amor quiere que otros tengan parte en lo que él o ella tienen.

Notemos de nuevo que la palabra *"hombre"* en Génesis se refiere al ser espiritual creado a imagen de Dios. El propósito de tener dominio le fue dado al hombre *espíritu*. Esto fue antes de la creación de varón y hembra. Por lo tanto, espiritualmente, tanto el varón como la mujer tienen la misma responsabilidad hacia la tierra porque el gobierno le fue dado al hombre espíritu, el cual reside en ambos.

Al hombre le ha sido dada la libertad de exhibir creatividad mientras gobierna la tierra física y todas las demás cosas vivas que habitan en ella. La tierra es para ser gobernada, cuidada, moldeada por seres hechos a imagen de su Creador. De esta forma, el hombre ha de reflejar el amoroso y creativo Espíritu de Dios.

Dios también creó al hombre para demostrar su sabiduría y la bondad de sus preceptos. Este propósito es parte de los planes eternos de Dios: *"El fin de todo esto es que la sabiduría de Dios, en toda su diversidad, se dé a conocer ahora, por medio de la iglesia, a los poderes y autoridades en las regiones celestiales, conforme a su eterno propósito realizado en Cristo Jesús nuestro Señor"* (Efesios 3:10-11).

Una mujer de propósito y poder exhibe todos estos aspectos al confiar en que el Espíritu de Dios le guía y capacita.

*Pensamiento:* Espiritualmente, tanto el varón como la mujer tienen la misma responsabilidad hacia la tierra.

*Lecturas:* Salmo 100; Juan 15:5-17

Día 24

# CREADOS PARA SER HIJOS DE DIOS

*"Dando gracias con alegría al Padre. Él los ha facultado para participar de la herencia de los santos en el reino de la luz".* —Colosenses 1:12

Cuando Dios creó a los hombres y las mujeres para compartir su autoridad, fue en el contexto de su relación con Él como su descendencia. Dios no nos creó para ser siervos, sino para ser hijos que están involucrados en dirigir el "negocio familiar". Este fue su plan para la humanidad desde el principio. Él siempre ha querido que sus hijos le ayuden a cumplir sus propósitos.

Esto significa que Dios no quiere que trabajemos *para* Él, sino que quiere que trabajemos *con* Él. La Biblia dice que somos "*colaboradores de Dios*" (2 Corintios 6:1), o que trabajamos juntamente con Él. En el original griego, "*colaboradores*" significa los que "cooperan", los que "ayudan con", los que "trabajan juntos".

Es común oír a personas decir: "Estoy trabajando para Jesús". Si estás trabajando *para* Jesús, aún eres un jornalero. Pero cuando entiendes los negocios familiares, entonces te conviertes en un trabajador junto a Cristo.

¿Cuáles son algunas de las implicaciones de que seamos hijos de Dios que trabajamos en su negocio? En primer lugar, no tenemos que preocuparnos por nuestros gastos de vida diarios. Si tu padre y tu madre poseen un negocio próspero y te ponen a cargo del mismo, ¿deberías preguntarte de dónde conseguirás comida para comer? ¿Te preguntarías dónde conseguir agua para beber? ¿Te preguntarías dónde conseguirás la ropa para vestir? No, tú eres parte de la familia y tus necesidades están cubiertas. En la empresa de Dios, siempre hay provisión abundante para el día a día, y puedes contar con ello con toda confianza.

En segundo lugar, la instrucción del Señor al varón y a la mujer fue: *"llenen la tierra y sométanla"* (Génesis 1:28). Les estaba diciendo, en esencia: "Tengan dominio sobre este preciso lugar para que se acostumbren a gobernar primero a pequeña escala". La implicación es que Él quería que este hombre y esta mujer crecieran en su capacidad de aprender a dominar el jardín del Edén, el área en el que inicialmente fueron ubicados. Este es uno de los claros principios de Dios: si has sido fiel en lo poco, entonces tu gobierno se expandirá mucho más.

Jesús explicó este concepto claramente en la parábola de los talentos. Al siervo que había sido fiel en lo poco, el señor le dice: *"¡Hiciste bien, siervo bueno y fiel! Has sido fiel en lo poco; te pondré a cargo de mucho más. ¡Ven a compartir la felicidad de tu señor!"* (Mateo 25:23).

Dios es muy bueno con nosotros. Él no nos da más de lo que podamos manejar. Siempre nos da justo lo suficiente para entrenarnos para el resto. Espero que entiendas este principio. Dios siempre te dará lo suficiente para que puedas acostumbrarte a la idea de más. Muchos queremos todo ahora mismo. Causamos un cortocircuito en el plan de Dios porque queremos todo de una vez. Dios, en verdad, está diciendo: "Lo tendrás todo, pero no en este preciso momento. Aún no has desarrollado el carácter, la experiencia y el ejercicio de tu potencial que te capacitan para manejar más".

*Pensamiento:* Dios siempre nos da justo lo suficiente para entrenarnos para el resto.

*Lecturas:* Éxodo 19:3-6; Mateo 25:14-30

## Día 25

## LA FUENTE DE CONFLICTO

*"Cada uno es tentado cuando sus propios malos deseos lo arrastran y seducen. Luego, cuando el deseo ha concebido, engendra el pecado; y el pecado, una vez que ha sido consumado, da a luz la muerte".* —Santiago 1:14-16

Si Adán y Eva fueron creados para estar en comunión con Dios y el uno con el otro, ¿qué ocurrió para cambiar eso? Génesis 3 explica la fuente inicial del conflicto entre hombres y mujeres. El diablo, en forma de una serpiente, tentó a la primera mujer, Eva, para que comiera de lo que Dios les había prohibido comer a ella y a Adán (ver Génesis 2:16-17). Personalmente, no creo que esta fuera la primera vez que la serpiente se había acercado a ella. Primero, ella no parece sorprenderse de verlo o de oírlo hablar. Segundo, creo que habían hablado antes sobre las instrucciones de Dios por la forma en que el diablo expresó su astuta pregunta: *"¿Es verdad que Dios les dijo que no comieran de ningún árbol del jardín?"* (Génesis 3:1). Él quería sembrar la duda en el entendimiento de Eva acerca de lo que Dios había dicho.

Eva respondió: *"Podemos comer del fruto de todos los árboles... Pero, en cuanto al fruto del árbol que está en medio del jardín, Dios nos ha dicho: "No coman de ese árbol, ni lo toquen; de lo contrario, morirán"* (versículos 2-3). Ella tenía la mayor parte de la información correctamente, así que el siguiente plan del diablo fue intentar minar la integridad de Dios a ojos de ella. *"¡No es cierto, no van a morir! Dios sabe muy bien que, cuando coman de ese árbol, se les abrirán los ojos y llegarán a ser como Dios, conocedores del bien y del mal"* (versículos 4-5).

Eva sucumbió a la tentación, Adán se unió a ella por elección propia, y ambos comieron del fruto del árbol (ver versículo 6). Esta decisión de rechazar los propósitos de Dios resultó en la muerte espiritual del varón y de la mujer. Fue el comienzo del conflicto entre el hombre y Dios, y los hombres y las mujeres, con el que aún hoy estamos lidiando. Pero Dios tenía un plan de restauración.

*Pensamiento:* La primera táctica del diablo contra los seres humanos fue sembrar la duda con respecto a lo que Dios había dicho.

*Lecturas:* Génesis 3:1-7; Santiago 1:12-18

*Día 26*

## PERDER EL JARDÍN

*"Entonces Dios el Señor expulsó al ser humano del jardín del Edén, para que trabajara la tierra de la cual había sido hecho".* —Génesis 3:23

Adán y Eva actuaron en contra del mandamiento de Dios. Fue el espíritu-hombre, el ser espiritual responsable, dentro del varón y de la mujer, el que tomó la fatídica decisión de comer del fruto, en desobediencia al mandato de Dios. Por eso el máximo dilema de la humanidad es de índole espiritual.

Cuando Adán y Eva se rebelaron, sufrieron de inmediato una muerte espiritual, tal y como Dios les había advertido, y finalmente las casas físicas que Dios les había dado en las que vivir en la tierra también murieron. Sin embargo, la muerte espiritual fue la peor de las dos porque los separó de su anterior comunión perfecta con Dios. Dios los seguía amando, pero ya no tenían el mismo canal abierto hacia Él mediante el recibir su amor. Aunque aún retenían elementos de su creación a imagen de Dios, ya no reflejaban perfectamente la naturaleza y el carácter de su Creador.

El diablo presentó a Adán y Eva una gran mentira y ellos se la creyeron, para su propio pesar; sin embargo, había una razón subyacente por la que cayó la humanidad. Para entenderlo, tenemos que volver a dos principios fundamentales del propósito:

(1) Para descubrir el propósito de algo, nunca le preguntes a la creación, sino al creador. (2) Encontramos nuestro propósito solo en la mente de nuestro Hacedor. Adán y Eva dejaron de mirar a su Creador para encontrar su propósito y en su lugar se miraron a sí mismos. Al hacerlo, perdieron su capacidad de cumplir su verdadero propósito.

En la relación rota entre Adán y Eva y la maldición de la tierra que siguió a su pecado (ver Génesis 3:14-19), vemos la artimaña de Satanás para minar los propósitos de dominio de Dios. Satanás tenía miedo del poder que se liberaría a través de un varón y una mujer unidos en los propósitos de Dios; por lo tanto, intentó distorsionar la relación entre varones y mujeres y limitar el jardín del Edén provocando una atmósfera de cardos y espinos para el resto de la tierra.

Sin embargo, aunque Adán y Eva cayeron, el propósito de Dios para la humanidad nunca cambió. En el mismo momento del rechazo de la humanidad del propósito de Dios, Él prometió un Redentor que salvaría a hombres y mujeres de su condición caída y de todas sus implicaciones (ver Génesis 3:15). El Redentor restauraría la relación y asociación entre varones y mujeres. Jesucristo es ese Redentor, y gracias a Él, varones y mujeres pueden recuperar el diseño original de Dios para ellos. Podemos cumplir sus propósitos de nuevo. Podemos tener un verdadero dominio sobre la tierra, pero solamente a través de Cristo.

*Pensamiento:* Satanás tenía miedo del poder que sería liberado mediante un varón y una mujer unidos en los propósitos de Dios.

*Lecturas:* Génesis 3:8-24; Romanos 5:12-21

## Día 27

## LA VIDA ES PRECIOSA

*"Por sobre todas las cosas cuida tu corazón, porque de él mana la vida".* —Proverbios 4:23

Cuando Adán y Eva le dieron la espalda a Dios y a sus caminos, terminaron perdiendo su conocimiento de la intención de Dios para ellos y para el mundo. Rechazar a Dios fue el equivalente a comprar un equipo complejo y sofisticado y después tirar el manual de instrucciones para el usuario. Si consigues que algo funcione bajo esas circunstancias, es solo por suerte. Es más probable que nunca consigas que funcione adecuadamente. Nunca cumplirá todo su propósito.

Del mismo modo, la humanidad no ha respetado el hecho de que la creación de Dios y sus indicaciones para vivir se establecieron por una razón específica. Si ese propósito se sigue dejando a un lado, mujeres y hombres nunca operarán adecuadamente como seres humanos. Esta peligrosa situación nos lleva de nuevo a uno de los principios clave para entender la vida y las relaciones: *siempre que se desconoce el propósito, el abuso es inevitable.*

La vida es demasiado valiosa para tratarla como una puesta a prueba. Es peligroso que experimentemos con esta preciosa mercancía. En los Salmos se nos recuerda que el Manual de Dios, la Palabra, dirige nuestro camino: *"Tu palabra es una* lámpara a mis pies; es una luz en mi sendero" (Salmos 119:105). "Tus estatutos [Palabra] son mi herencia permanente; son el regocijo de mi corazón" (versículo 111). "La exposición de tus palabras nos da luz, y da entendimiento al sencillo" (versículo 130). Si para conocer nuestra razón de vivir nos miramos a nosotros mismos o a otros, en vez de mirar a Dios y su Manual, tendremos un viaje poco fiable y peligroso por la vida.

¿Qué valor le otorgas a tu vida? ¿Sabes que una de las cosas más peligrosas en la vida es malgastar el tiempo? Se dice que el tiempo es un bien que nunca podrás recuperar. Una vez que se pierde, se va para siempre. Así que lo mejor que se puede hacer con el tiempo es usarlo de una forma que produzca los mejores resultados. La mejor forma, la única forma, de usar el tiempo eficazmente es hacer lo *que* se supone que debes hacer *cuando* se supone que debes hacerlo. La eficacia no consiste solo en hacer cosas buenas, sino en hacer lo *correcto*.

*Pensamiento:* Tienes que hacer que tu vida cuente si quieres cumplir tu propósito.

*Lecturas:* Proverbios 4:18-27; Hebreos 4:12-16

*Día 28*

## RESTAURADA MEDIANTE LA REDENCIÓN

*"Él nos libró del dominio de la oscuridad y nos trasladó al reino de su amado Hijo, en quien tenemos redención, el perdón de pecados".* —Colosenses 1:13-14

Jesucristo restauró a la humanidad al propósito y el plan de Dios. Yo defino el plan de Dios de forma muy sencilla. Los primeros dos capítulos de Génesis son un retrato del programa perfecto de Dios para el espíritu-hombre y su manifestación como varón y hembra. El capítulo tres de Génesis revela cómo y por qué este programa se destruyó. Génesis tres hasta Apocalipsis veintiuno, el último capítulo de la Biblia, explica lo que Dios ha hecho y está haciendo aún para restaurar a la humanidad a su programa original (e incluso más allá). La Biblia es un relato del programa de restauración de Dios, el cual llevó a cabo mediante varios pactos con su pueblo.

La vida, muerte y resurrección de Cristo consiguieron la redención del hombre. El sacrificio del Hombre perfecto fue la expiación para los pecados del hombre caído, y restauró a la humanidad a la comunión con Dios que había tenido en el jardín del Edén. Esto significa que la maldición del pecado se elimina de las vidas de las personas cuando estas reciben la obra redentora de Cristo y nacen de nuevo. El propio

Espíritu de Cristo viene a habitar dentro de ellos, son restaurados a los propósitos de Dios y pueden amar y servir a Dios nuevamente.

Bajo la obra redentora de Cristo, la mujer es restaurada no solo en su comunión con Dios, sino también en la posición de colaboradora junto a su homólogo varón. Por lo tanto, ella no debe ser dominada o gobernada por el varón, porque si esto se produce significaría que la obra redentora de Cristo no habría sido exitosa.

Jesús dijo: *"Cuando venga el Consolador* [el Espíritu Santo], *que yo les enviaré de parte del Padre, el Espíritu de verdad que procede del Padre, él testificará acerca de mí. Y también ustedes darán testimonio porque han estado conmigo desde el principio"* (Juan 15:26-27). Desde el Padre, *a través* del Hijo y *mediante* el Espíritu se nos enseña la verdad, la cual nosotros, a su vez, enseñamos a otros. Esto es parte de la tarea del dominio del hombre llevada a cabo mediante mujeres y varones redimidos. La única instrucción que se supone que debemos declarar viene del Padre. El Padre, a través de Jesús, da instrucciones mediante el Espíritu Santo a la novia, la iglesia. Después la iglesia toma las instrucciones de su Señor y las declara con autoridad como mandatos. Este es el principio detrás de las frases de Jesús a los creyentes con respecto a la autoridad. Él ha dado a su novia, la iglesia, la autoridad de usar su nombre para dar órdenes a la enfermedad, dolencias, demonios y montañas (ver Lucas 9:1-2; Mateo 17:20; Marcos 16:17-18).

Como la novia de Cristo, la iglesia tiene la instrucción del Padre, la autoridad y el poder de hablar y actuar con osadía en el mundo. La iglesia ata, desata, sana y libera bajo la autoridad del Maestro y Esposo, Jesucristo (ver, por ejemplo, Mateo 16:19).

*Pensamiento:* Bajo la obra redentora de Cristo, la mujer es restaurada no solo a una comunión con Dios, sino también a la posición de colaboradora con su homólogo varón.

Lecturas: Salmo 107; Apocalipsis 5:9-10

*Día 29*

## LLEGAR A SER UNA PERSONA COMPLETA

*"Más bien, busquen primeramente el reino de Dios y su justicia, y todas estas cosas les serán añadidas".*
—Mateo 6:33

Hemos visto que cuando un hombre se enamora de la presencia de Dios, comienza a operar como se supone que debería hacerlo. Cuando un hombre quiera casarse contigo, no le preguntes si te ama; pregúntale si ama a Dios. Si su amor por Dios no es su primera prioridad, entonces es un mal pretendiente para tener una relación satisfactoria y duradera.

Rehúsa formar relaciones con hombres de plástico que se derriten cuando el calor y las presiones de la vida aumentan. Busca a alguien que sea genuino. Hasta que encuentres un hombre que sepa que Dios Padre es su Fuente y Sustentador, debes apoyarte en Jesús. Él será tu esposo hasta que encuentres un hombre que pueda ser un marido y padre bueno.

Algunas mujeres solteras tienen miedo de no casarse y quedarse solas. Cuando llegan a los veinticinco, treinta o treinta y cinco años, comienzan a pensar que se les ha pasado su tiempo, así que empiezan a decirse a sí mismas: "No me casaré nunca. Será mejor que aprese lo primero que llegue". Esa es la razón por la que muchas personas se casan con parejas que no son las adecuadas para ellas. El problema es que no han aprendido aún lo que significa ser una persona completa.

Hay una diferencia entre "estar sola" y "sentirte sola". Puedes sentirte sola en medio de una multitud de gente, y puedes estar sola y aún así estar feliz como una alondra. No hay nada de malo en estar sola a veces. La Biblia nos dice que es importante estar solos y acallados delante del Señor. Jesús a menudo se apartaba para poder orar y descansar. Muchas personas no tienen tiempo para Dios porque están demasiado ocupadas intentando encontrar pareja.

Estar sola puede ser saludable, pero la soledad es como una enfermedad. Jesús habló de la actitud que deberíamos tener cuando dijo, en verdad: "No se preocupen por lo que comerán, o por lo que vestirán, o con quién se casarán. Busquen primero el reino de Dios. Sumérjanse en su justicia. Entonces Dios suplirá todas sus necesidades" (ver Mateo 6:31-33).

El criterio para el matrimonio no es meramente ser lo suficientemente mayor, sino también si será beneficioso o no (ver 1 Corintios 6:12). Si no tienes un entendimiento claro del propósito del matrimonio, no te resultará beneficioso. Si tu posible cónyuge no tiene un entendimiento claro de quién es él en Cristo y para qué fueron creados los varones y las mujeres, no será beneficioso para ti.

El primer hombre, Adán, estaba tan ocupado siguiendo el mandato de Dios que cuando llegó su pareja, Eva, estaba listo y fue el momento correcto para él (ver Génesis 2:15-25). Mantente en el jardín de la justicia de Dios, porque si es su voluntad para ti que tengas un cónyuge, tendrás que entender sus caminos si quieres que esa relación sea buena.

Sigue el propósito de Dios y evitarás sufrimiento y problemas en tus relaciones, porque el propósito de Dios es la clave para tu satisfacción.

*Pensamiento:* Prepárate para conocer a tu cónyuge entendiendo primero y obedeciendo los caminos de Dios.

*Lecturas:* Deuteronomio 6:5; Mateo 6:25-33

Día 30

## LOS CIMIENTOS DE LA FAMILIA

*"Y Dios el Señor formó al hombre del polvo de la tierra, y sopló en su nariz hálito de vida, y el hombre se convirtió en un ser viviente".* —Génesis 2:7

Si lo piensas bien, realmente Dios creó un solo ser humano. Cuando creó a la mujer, no recurrió de nuevo a la tierra, sino que la creó usando el costado del hombre (ver Génesis 2:21-23). Solo el varón vino directamente de la tierra. Esto fue porque Dios diseñó al varón para que fuera el fundamento de la familia humana. La mujer vino del hombre en vez de la tierra porque fue diseñada para apoyarse en el hombre, para que el varón fuera su apoyo.

Dios planeó todo antes de crearlo, y comenzó por los cimientos. ¿Alguna vez has visto a algún constructor que construya una casa empezando por el tejado? No. Del mismo modo, no se empieza por las ventanas, ni se empieza por los canalones y las vigas del techo. Dios comienza como cualquier otro constructor. La prioridad en la construcción es siempre lo que se debe hacer primero. Se empieza por los cimientos.

Creo que los cimientos de la sociedad, la infraestructura que Dios quiso para este mundo, se ha malentendido. A menudo decimos que la familia es el fundamento de la sociedad. Es muy cierto que la familia es el pegamento que mantiene todo unido;

sin embargo, Dios no empezó a construir la sociedad terrenal con una familia. Comenzó con una persona. Comenzó con el varón.

Pero debemos recordar que aunque el varón es el fundamento de la familia, los hombres y las mujeres fueron creados iguales. *"Todos ustedes son hijos de Dios mediante la fe en Cristo Jesús... Ya no hay judío ni griego, esclavo ni libre, hombre ni mujer, sino que todos ustedes son uno solo en Cristo Jesús"* (Gálatas 3:26,28). Los hombres y las mujeres son iguales. Eso no lo decide un senado ni un congreso, ni un gabinete o el parlamento de una nación. ¡Dios ya tomó esa decisión en la creación! Después la reafirmó con la redención de la humanidad en Jesucristo. Varón y hembra son uno en Cristo. Nunca le concedas a nadie el derecho de decir qué tipo de valor humano tienes. No dejes que nadie te diga cuánto vales como persona. Cuando entiendes que la igualdad es inherente a la creación y descubres cómo se debe manifestar en tu vida, puedes comenzar a vivir en la plena realidad de esa igualdad, al margen de lo que otros puedan decirte de ti misma.

*Pensamiento:* Aunque el varón es el fundamento de la familia humana, los hombres y las mujeres fueron creados iguales.

*Lecturas:* Génesis 2:4-23; 1 Corintios 11:3, 7-12

*Día 31*

## DISTINTOS, NI SUPERIORES NI INFERIORES

*"Y ambos son herederos del grato don de la vida".*

—1 Pedro 3:7

Hoy en día, muchos de los que abogan por la igualdad de derechos dicen que no hay ninguna diferencia entre mujeres y hombres. Sin embargo, aunque las mujeres y los hombres fueron creados iguales, también fueron creados distintos. Esto es parte de su diseño único. Esta frase quizá confunda a algunas personas y enoje a otras, porque de algún modo hemos llegado a creer que *diferente* significa *inferior* o *superior*. No confundamos ser diferente con ser o menor o mayor. Diferente no implica inferioridad o superioridad; diferente simplemente significa eso mismo: diferente. Esto es especialmente cierto con respecto a hombres y mujeres; sus diferencias son necesarias debido a sus propósitos.

En muchas esferas de la vida, no vemos las diferencias como debilidades, sino más bien como fortalezas mutuas. En la música, ¿quién es más importante para toda una orquesta sinfónica, un violinista o un oboísta? Ambos trabajan juntos en armonía. En los deportes, ¿quién es más importante para una carrera de relevos de natación, el nadador que nada a estilo braza o el que nada a espaldas? Ambos tienen que ser buenos nadadores en su especialidad, porque una carrera de relevos no se puede llevar a cabo solo con un tipo de nadador. Cuando ganan, todos comparten el honor.

La respuesta a la histórica devaluación de las mujeres no reside en declarar que no hay diferencias entre varones y mujeres, sino en reconocer y afirmar sus diferencias complementarias. Debemos entender y aceptar estas diferencias para que se puedan usar en armonía, como una orquesta bien afinada.

La intención de Dios de que las mujeres sean coherederas con los hombres en la creación y redención sigue siendo en general una verdad ignorada. La devaluación interna que hacen los varones de las mujeres es la razón por la que a las mujeres, por lo general, se les sigue menospreciando y explotando en casi todas las sociedades del mundo, al margen de los recientes avances sociales y políticos. Tanto en naciones desarrolladas como en naciones en desarrollo, la difícil situación de la mujer sigue siendo muy real. Es trágico tener que admitir que esto sucede en nuestra sociedad moderna.

Muchas mujeres están involucradas en oportunidades y actividades que antes estaban reservadas para los varones, como el liderazgo, la gerencia y los deportes. Sin embargo, aunque podemos decir que ha habido algo de progreso, en la mayoría de las sociedades las mujeres siguen sufriendo el prejuicio del varón contra la mujer. Los corazones de los hombres no se pueden cambiar con legislaciones. Aunque la ley ahora dice: "Las mujeres son iguales a los hombres", esto no significa que los hombres piensen así. La persistente devaluación de las mujeres continúa demorando el progreso, y a las mujeres se les trata de todas las formas, *menos* de la forma que Dios quiso originalmente: "*y ambos son herederos del grato don de la vida*". A través de la gracia de Dios, podemos restaurar las relaciones entre hombres y mujeres y cumplir los propósitos originales de Dios para la humanidad.

*Pensamiento:* La intención de Dios de que las mujeres sean herederas iguales con los hombres en la creación y la redención sigue siendo una verdad ampliamente ignorada.

*Lecturas:* Génesis 2:26-28; 1 Pedro 3:1-7

Día 32

# JESÚS SE SOMETIÓ AL PADRE

"[Jesús] *no consideró el ser igual a Dios como algo a qué aferrarse. Por el contrario, se rebajó voluntariamente, tomando la naturaleza de siervo".* —Filipenses 2:6-7

E*l hombre no procede de la mujer, sino la mujer del hombre"* (1 Corintios 11:8). Todo el capítulo once de 1 Corintios habla sobre la posición de los hombres y de las mujeres y sobre la relación entre el varón y la mujer. Habla de autoridad.

Algunas personas sienten que Pablo estaba siendo machista cuando hizo la declaración de arriba. Más bien, se estaba refiriendo a la creación de varón y hembra. Hizo una distinción importante entre la posición espiritual de los hombres y de las mujeres, y de la relación entre el varón y la mujer. Al hacerlo, usó un ejemplo espiritual porque no quería que se malinterpretaran sus declaraciones.

Pablo estaba diciendo, de hecho: "Miren, algunas de ustedes, mujeres, piensan que estoy intentando hacerles de menos o decir que son inferiores. Por lo tanto, para dejarlo claro, permítanme explicar tanto a los varones como a las mujeres la verdadera naturaleza de la autoridad". En 1 Corintios 11:3, Pablo dijo: *"Ahora bien, quiero que entiendan que Cristo es cabeza de todo hombre".* Así que primero vemos que el hombre tiene una cabeza a quien darle cuentas. Él está bajo la dirección de Cristo. El versículo tres continúa: *"mientras que el hombre es cabeza de la mujer"*. La mujer también tiene una cabeza. Ella debe rendirle cuentas al hombre. El versículo concluye así: *"y Dios es cabeza de Cristo"*. Pablo estaba expresando esta idea: "Si a usted no le gusta estar bajo la autoridad de otro, tendrá que decirle a Jesús que se salga de la autoridad del Padre. Hasta que usted no sea mejor que Jesús, lo mejor que puede hacer es quedarse bajo su autoridad".

Hay un espíritu maligno en todo el mundo actualmente haciendo que a nadie le guste estar bajo la autoridad de otro. Este espíritu satánico se ha apoderado de nuestra sociedad. Sin embargo, Jesús mismo nos dio nuestro modelo de autoridad y sumisión cuando se sometió a su Padre. Filipenses 2:6-8 dice:

> [Jesús] *quien, siendo por naturaleza Dios, no consideró el ser igual a Dios como algo a qué aferrarse. Por el contrario, se rebajó voluntariamente, tomando la naturaleza de siervo y haciéndose semejante a los seres humanos. Y, al manifestarse como hombre, se humilló a sí mismo y se hizo obediente hasta la muerte, ¡y muerte de cruz!*

Aunque Jesús es igual a Dios, se sometió al Padre y al plan del Padre.

Puede que una mujer sea más lista, tenga más educación, tenga un trabajo prestigioso o gane más dinero que su esposo; sin embargo, para que él cumpla su papel, ella tiene que someterse a él. La sumisión es un acto de la voluntad, una decisión. Una mujer debería someterse a su marido, no porque el hombre lo diga y no porque la sociedad lo diga, sino por el propósito que ella tiene. De esta forma, ella permite que su marido sea un líder.

*Pensamiento:* Jesús mismo nos dio nuestro modelo de autoridad y sumisión cuando se sometió a su Padre.

*Lecturas:* Isaías 53; Filipenses 2:5-11

# Día 33

## LA SUMISIÓN ACTIVA EL CIELO

*"El hombre no debe cubrirse la cabeza, ya que él es imagen y gloria de Dios, mientras que la mujer es gloria del hombre".* —1 Corintios 11:7

En nuestro versículo inicial, arriba, Pablo estaba diciendo que una vez que el hombre está cubierto con Cristo, su matrimonio está bajo autoridad; sin embargo, la mujer necesita que el hombre le cubra a ella. Primera de Corintios 11:9-10 dice: *"ni tampoco fue creado el hombre a causa de la mujer, sino la mujer a causa del hombre. Por esta razón, y a causa de los ángeles, la mujer tiene autoridad sobre su cabeza"*.

Si eres una mujer que quiere hacer un trabajo para Dios, todo el cielo está preparado para trabajar para ti. Dios dice: "De acuerdo, haremos una obra espiritual, pero ¿cómo están tus relaciones en el ámbito natural? ¿Cómo está tu relación con tu esposo, tu familia, tu iglesia?". Cualquier mujer que diga: "Yo no necesito una iglesia; puedo hacer esto yo sola", no encontrará ningún ángel que le apoye. Los ángeles están buscando tu autoridad. Ellos preguntarán: "¿Bajo la autoridad de quién estás? ¿Cómo esperas que nosotros te ayudemos bajo la autoridad de Dios cuando tú misma no estás bajo la autoridad de nadie?". La sumisión activa el cielo.

Ahora bien, si Cristo se sometió al Padre, ¿quiénes nos creemos que somos? Puede que seas independiente, famosa, una empresaria fantástica y que te esté yendo muy bien. Sin embargo, si no te quieres someter a nadie, el cielo no confiará en ti. No creas que puedes huir y hacer la obra de Dios sin estar bajo sumisión. No huyas nunca de un ministerio para hacer tu propio trabajo porque alguien te haya decepcionado. Los ángeles te están observando. Puede que estés eliminando la cobertura de protección de Dios de ti misma si te sales de debajo de la autoridad. Este principio espiritual se aplica tanto para mujeres como para varones.

Sin embargo, lo que la mayoría de las personas olvidan sobre la sumisión es esto: los hombres y las mujeres fueron creados para ser *inter*dependientes. "*Sin embargo, en el Señor, ni la mujer existe aparte del hombre ni el hombre aparte de la mujer*" (1 Corintios 11:11). Dios está diciendo, de hecho: "Los hombres y las mujeres se necesitan. Se necesitan el uno al otro para estar completos".

"*Porque así como la mujer procede del hombre, también el hombre nace de la mujer*" (versículo 12). Me gusta esta frase. Los hombres necesitan que las mujeres les den a luz, pero las mujeres necesitan que los hombres les capaciten para concebir. Esta no es de manera alguna una situación de inferioridad y superioridad. Tiene que ver con propósitos complementarios. Efesios 5, que dice que las mujeres se sometan a sus esposos, también dice: "*Sométanse unos a otros, **por reverencia a Cristo***" (versículo 21). Tiene que haber una sumisión mutua el uno al otro si queremos llevar a cabo los propósitos de Dios sobre la tierra.

*Pensamiento*: Si no te sometes a nadie, el cielo no confiará en ti.

*Lecturas*: Jueces 4:1-5:9; Romanos 16:1-15

Día 34

## LA ESENCIA DEL ASUNTO

*"Sin embargo, en el Señor, ni la mujer existe aparte del hombre ni el hombre aparte de la mujer. Porque así como la mujer procede del hombre, también el hombre nace de la mujer; pero todo proviene de Dios".*

—1 Corintios 11:11-12

Al final se cierra el círculo. Después de todo lo que Pablo ha enseñado, que la mujer vino del hombre y fue creada para el hombre, después pone al varón y a la mujer en la misma posición espiritual.

Mi esposa y yo somos iguales delante del Señor. Ella puede ir ante el Señor y obtener la misma ayuda espiritual que yo. No necesita ir a través de mí, su esposo. Por eso, si eres una madre soltera, tu espíritu puede acudir a Dios y tratar con Él. No necesitas obtener el permiso de un hombre para acudir a Dios; tienes un espíritu-hombre en tu interior. *La esencia del asunto es esta:* en la esfera espiritual no hay diferencia entre hombres y mujeres, pero en la esfera física tiene que haber una relación apropiada de sumisión.

Una vez, estaba hablando con una mujer que está en la gerencia de una compañía de seguros. Me dijo: "Mira, en mi trabajo soy la jefa. Sin embargo, cuando entro a casa soy esposa". Esa es una mujer inteligente. Por supuesto, puedes ser la jefa en tu trabajo, pero cuando llegas a casa eres esposa, y tu esposo es tu cabeza o autoridad. Eso significa que no puedes tratar a tu esposo como si fuera uno de tus empleados en la oficina. Hay una autoridad totalmente distinta. Sin embargo, tu esposo tiene que entender que él debe estar sometido al Señor cuando está en casa, y que él mismo está bajo la autoridad de Dios.

*Pensamiento*: En la esfera espiritual no hay diferencia entre los hombres y las mujeres, pero en la esfera física tiene que haber una relación adecuada de sumisión.

*Lecturas*: 2 Samuel 22:26-28; Efesios 5:21-25

# Día 35

## FALSA SUMISIÓN

*"Por tanto, no sean insensatos, sino entiendan cuál es la voluntad del Señor".* —Efesios 5:17

Hablar de sumisión en el caso de que una mujer tenga un esposo incrédulo puede ser difícil, pero la Biblia nos da pautas para saber qué hacer bajo estas circunstancias. Primera de Corintios 7 dice que si una mujer defiende las normas de la Palabra de Dios y su esposo no creyente consiente en vivir con ella, *"no lo abandone"* (versículo 13, RVR-60). Sin embargo, si él no puede vivir con las convicciones de ella, la Escritura dice: *"dejen que se vaya"* (versículo 15, NTV). En otras palabras, si él no puede vivir con el compromiso que ella tiene con el Señor, la Biblia le dice a ella: "Deja que se vaya". No comprometas tu fe, ni siquiera por tu esposo.

Algunas mujeres tienen una perspectiva falsa de la sumisión. Permiten que sus esposos les golpeen hasta dejarlas medio muertas porque piensan que eso es someterse. He dado consejería a muchas mujeres que piensan así. Llegan a mi oficina maltratadas y preguntan: "¿Qué debo hacer?". Yo les digo: "Aléjate de ese entorno". "Pero la Biblia dice que me someta". "Sí, pero no a una paliza. Tienes que someterte al Señor. Hasta que no veas al Señor en tu casa, vete. No seas tan insensata como para quedarte ahí sin hacer nada y poniendo tu vida en peligro".

No hay nada en la Biblia que diga que una mujer debería estar de acuerdo en hacer algo contrario a la Palabra de Dios o permitirse sufrir abusos. Primera de Pedro 2:19-20 dice que si sufres por causa del evangelio, eso es verdadero sufrimiento; pero si sufres por tu propio pecado y necedad, eso no tiene mérito. Es una insensatez que dejes que alguien te dé una paliza y después le des la vuelta y digas: "Es por Jesús". Eso no es sumisión. Tienes que protegerte.

*Pensamiento:* No hay nada en la Biblia que diga que una mujer deba permitirse sufrir abuso.

*Lecturas:* Proverbios 2:1-15; 1 Corintios 7:10-17

Día 36

# LA MUJER COMO POTENCIADORA

*"Luego Dios el Señor dijo: «No es bueno que el hombre esté solo. Voy a hacerle una ayuda adecuada»".*

—Génesis 2:18

Aunque el varón fue creado primero y se le dio el papel de fundamento y líder espiritual responsable, la mujer es colíder como potenciadora. Ella comparte su visión y trabaja con él para conseguir aquello para lo que ambos fueron creados. La mujer toma lo que es el hombre y lo que el hombre tiene, y lo agranda y expande. De esta forma, su liderazgo es eficaz y su visión compartida se convierte en una realidad.

Una buena ilustración de esto es la relación entre Jesús y su iglesia. A Jesús se le llama la cabeza, y a la iglesia se le llama el cuerpo (ver Colosenses 1:18). Trabajan al unísono el uno con el otro. La relación de Cristo con la iglesia es el modelo perfecto para nosotros de la relación entre varón y hembra y los propósitos de Dios para la mujer en su papel de liderazgo de dominio.

Dios siempre te dice por qué hace algo antes de hacerlo. *"Luego Dios el Señor dijo: 'No es bueno que el hombre esté solo. Voy a hacerle una ayuda adecuada'".* Está claro que cuando Dios dijo esto, quiso decir que lo que estaba a punto de crear para Adán sería bueno para él. Por lo tanto, la Palabra de Dios afirma: "Las mujeres son buenas. Las hembras son buenas". La mujer fue creada para el bien del hombre.

El primer propósito de la mujer como potenciadora es ser compañera del varón, para que no esté solo. La palabra *solo* está compuesta por dos palabras en inglés, "todo" y "uno". Cuando juntamos estas dos palabras, ves que *solo* básicamente significa "todo en uno".

Dios dijo: "No es bueno que este hombre sea todo en uno, que tenga todo en sí mismo". Dios creó a la mujer para que el varón pudiera tener alguien a quien dar, alguien con quien compartir su visión, alguien que fuera parte de su vida. ¿No es triste que muchos hombres no vean a las mujeres de este modo? La mujer fue creada para que el varón no estuviera solo. Ella es su compañera de vida. "Acompañar" significa ayudar e incluso guiar a alguien. Es en este sentido que una mujer es la compañera del hombre.

*Pensamiento:* La mujer comparte la visión del hombre y trabaja con él para lograr aquello para lo que ambos fueron creados.

*Lecturas:* 2 Reyes 4:8-36; Hechos 18:1-4, 18-19, 24-28

# Día 37

## CREADA PARA SER AYUDA

*"Voy a hacerle una ayuda adecuada"*. — Génesis 2:18

En la sabiduría de Dios, si una mujer *está hecha* para ser ayudadora, significa que ha sido diseñada con muchas cualidades y habilidades que la *preparan para ayudar*. Recuerda que el Creador siempre tiene un plan para sus creaciones.

El propósito de una esposa es ayudar a su esposo a cumplir el plan de Dios para su vida. Las implicaciones de esto son profundas. En primer lugar, significa que el varón debe tener un plan; de lo contrario, la mujer estará en problemas. El mundo está lleno de mujeres frustradas que viven con hombres que no se dirigen a ninguna parte. La primera pregunta que una mujer debería hacerle a un hombre cuando él se le declara es: "¿Hacia dónde te diriges en la vida?". Si él no puede dar respuesta a esta pregunta, ella debería decirle que busque un mapa y que hablará con él después. Una mujer es una persona demasiado valiosa para malgastar su vida en casa y estando frustrada durante veinte años. Me parte el corazón ver el precioso y maravilloso potencial de una mujer siendo ahogado por algún hombre que no sabe hacia dónde va.

En segundo lugar, significa que la mujer debe entender que su realización está relacionada con la visión del varón. En otras palabras, nunca podrá estar realmente completa si no le ayuda a cumplir su visión.

Cuando una esposa decide que quiere una visión completamente distinta para su vida a la visión de su esposo, experimentarán una división. *Di* significa dos o doble. La palabra *división* podría verse como una "doble visión". Siempre que haya una pareja con una doble visión, estará en peligro de divorciarse porque *"una casa dividida contra sí misma se derrumbará"* (Lucas 11:17). No se pueden tener dos visiones en la misma casa, o el hombre y la mujer irán en direcciones distintas. Por eso Dios creó a la mujer para estar en una posición de ayuda. Los ayudantes no toman el mando; en su lugar, ayudan. Esto ciertamente no significa que una mujer no deba tener sus propios intereses y desarrollar sus propias habilidades. Significa que, como pareja, tienen que compartir la misma visión para sus vidas.

> *Por tanto, si sienten algún estímulo en su unión con Cristo, algún consuelo en su amor, algún compañerismo en el Espíritu, algún afecto entrañable, llénenme de alegría teniendo un mismo parecer, un mismo amor, unidos en alma y pensamiento. No hagan nada por egoísmo o vanidad; más bien, con humildad consideren a los demás como superiores a ustedes mismos. Cada uno debe velar no solo por sus propios intereses, sino también por los intereses de los demás.*
> (Filipenses 2:1-4)

*Pensamiento:* No se pueden tener dos visiones en la misma casa, o el hombre y la mujer irán en direcciones distintas.

*Lecturas:* Salmos 133:1; Juan 17:20-23

## Día 38

# USA TUS DONES PARA AYUDAR

*"Cada uno ponga al servicio de los demás el don que haya recibido, administrando fielmente la gracia de Dios en sus diversas formas".* —1 Pedro 4:10

Dios ha dado a las mujeres muchos dones maravillosos, y Él dice, de hecho: "Te di todas estas cosas no solo para tu propio enriquecimiento y disfrute, sino también para que puedas usar estos dones en tu posición como colíder y ayudadora de los hombres".

Si eres una mujer, ¿cómo estás usando tus dones? Quizá tengas talento, educación, experiencia, elocuencia y elegancia. ¿Estás usando estos bienes para demostrar a los hombres que eres tan buena como ellos? Eso no es ayuda, sino competición. El plan de Dios es que los hombres y las mujeres trabajen juntos para el beneficio mutuo.

Las mujeres a menudo necesitan ejercer una sabiduría especial al ayudar a los hombres, no obstante, porque lo último que muchos hombres quieren admitir es que ellos *necesitan* ayuda. No entienden que Dios ha diseñado a las mujeres para ayudarlos. Cuando una mujer intenta ayudar a un hombre, por lo tanto, el hombre puede interpretar su ayuda como una molestia. Por ejemplo, una mujer quizá intenta decirle a su esposo: "La visión de Dios es que seas el líder espiritual para mí y para nuestros hijos; sin embargo, no puedes ser un líder espiritual si no desarrollas tu vida espiritual". Después, al día siguiente, ella pregunta: "¿Cuándo vamos a orar?", y él contesta: "No me molestes ahora. El Señor me dirá cuándo orar".

El hombre tiene que apreciar el papel de ayuda de la mujer, y la mujer tiene que discernir cuándo ayudar al hombre. Si el hombre mete la pata o falla, la mujer no debería patearlo cuando está en el piso. Los ayudantes levantan a las personas y les sacuden el polvo. ¿Sabes cuántos hombres están donde están hoy porque sus ayudantes se aseguraron de que estuvieran ahí? Puede que tu hombre aún no sea el mejor esposo, puede que aún no sea espiritualmente maduro, pero anímalo y ayúdale a convertirse en todo aquello para lo que Dios lo creó.

*Pensamiento:* ¿Cómo estás usando tus dones?

*Lecturas:* Éxodo 35:4-29; 2 Corintios 13:11

Día 39

## UNA BUENA PALABRA DE UNA BUENA MUJER

*"Manzana de oro con figuras de plata es la palabra dicha como conviene".* —Proverbios 25:11 (RVR-60)

Cuando Dios dijo que haría una ayuda para el hombre, creo que pretendía que la mujer fuera la *"ayuda idónea"* (Génesis 2:18, RVR-60) para los hombres en general, no solo para su esposo. Esto significa que, como mujer, estás hecha para ser una ayuda espiritual y ánimo para los hombres con los que te encuentras en la vida.

Por favor, entiende que no estoy diciendo que una mujer deba someterse a otros hombres como se somete a su esposo; más bien, lo que estoy diciendo es que la mujer puede ser una tremenda influencia para bien en las vidas de los hombres. Además, la naturaleza de ayuda de la mujer se puede ejercer ya sea que la mujer esté casada o soltera, ya que es una parte natural de su composición. Las mujeres solteras tienen familiares y amigos varones que necesitan ánimo. Una mujer soltera tiene mucho que aportar de esta forma, y si está casada, puede aportar a su matrimonio esta valiosa experiencia de usar sus dones y su entendimiento de la naturaleza y las necesidades de los hombres.

Si una mujer ve a un hombre que conoce destruyendo su vida con drogas, ella podría acercarse y decirle: "Dios ha puesto mucho potencial dentro de ti. Me parte el corazón verte en las drogas". Decir eso puede ayudarle. No tienes que estar casada para dar ese tipo de ayuda. Algunos hombres solo necesitan una buena palabra de una buena mujer. Les han dicho muchas cosas negativas sobre sí mismos toda su vida. Están buscando una mujer que les diga algo positivo sobre ellos mismos.

Permíteme advertirte que esto puede exigir cierta discreción por parte de la mujer para no dar una impresión que no es. A la vez, una mujer puede ser una fuerza poderosa para bien en la vida de un hombre al ser una ayuda espiritual para él.

*Pensamiento:* La naturaleza ayudadora de una mujer se puede ejercer ya sea que la mujer esté casada o soltera, ya que es una parte natural de su composición.

*Lecturas:* Isaías 50:4; Colosenses 4:6

Día 40

# LA FUENTE Y EL PROVEEDOR DE LA MUJER

*"Mirad las aves del cielo, que no siembran, ni siegan, ni recogen en graneros; y vuestro Padre celestial las alimenta. ¿No valéis vosotros mucho más que ellas?".* —Mateo 6:26

La máxima Fuente y el máximo Proveedor de la mujer es Dios, y ella siempre puede acudir a Él. Pero Dios ha diseñado las cosas para que la mujer pueda recibir una provisión terrenal a través del varón. *"El hombre no procede de la mujer, sino la mujer del hombre"* (1 Corintios 11:8) significa que el hombre es el responsable de la mujer porque ella vino del hombre. Este es el plan original de Dios.

Ahora bien, si un hombre comienza a pensar que este es *su* plan, en lugar del plan de Dios, su responsabilidad hacia la mujer se convertirá en dominio sobre ella. Tenemos que entender que la provisión de la mujer a través del varón es el diseño de Dios, o de lo contrario lo usaremos mal y lo abusaremos.

El hombre es responsable de proveer por su posición en la relación de las cosas. Hay un paralelismo de esto en la esfera espiritual. Espiritualmente, tenemos que acudir a Dios para lo que necesitemos. Jesús nos ha dicho: "Permanezcan en mí y yo permaneceré en ustedes. Si se separan de mí, no pueden hacer nada. Yo soy la Vid, y ustedes las ramas, las cuales reciben los nutrientes de la Vid" (ver Juan 15:4-5).

Dios dice que la mujer debería mantenerse conectada a su fuente; debería poder ir al hombre para obtener respuestas. Si eres una mujer casada y tienes una pregunta, dirígela a tu esposo. Si él no tiene la respuesta, entonces ve al siguiente hombre que está en autoridad piadosa. Esto también es aplicable a una mujer que no está casada. El hombre podría ser tu padre, tu pastor, o tu hermano mayor en el Señor, mientras sea alguien que represente a Dios como fuente y proveedor. Esa persona debería ser capaz de darte una guía. La mujer se supone que siempre debería poder ir a su fuente a recibir cualquier cosa que necesite.

*Pensamiento:* La máxima Fuente y el máximo Proveedor de la mujer es Dios, y siempre puede acudir a Él.

*Lecturas:* 2 Reyes 4:1-7; 1 Timoteo 5:3-16

Día 41

# LA MUJER COMO REFLECTORA

*"La mujer es gloria del hombre".* —1 Corintios 11:7

Varias veces en Efesios 5, Pablo exhortó a los hombres a amar a sus esposas: *"Esposos, amen a sus esposas, así como Cristo amó a la iglesia y se entregó por ella... Así mismo el esposo debe amar a su esposa como a su propio cuerpo. El que ama a su esposa se ama a sí mismo... cada uno de ustedes ame también a su esposa como a sí mismo"* (Efesios 5:25, 28, 33).

Cuando Dios hizo a la mujer, la sacó del hombre para que el hombre tuviera alguien a quien amar que fuera de su misma naturaleza. De esta forma, el hombre fue creado para ser un dador de amor y la mujer para ser receptora de amor.

Para sentirse realizada, la mujer necesita amor. Esto significa que Dios ha diseñado a la mujer para operar en amor y para reflejar el amor que recibe. Si no le damos el amor que Dios quiso que ella recibiera, no puede operar de la forma en que Dios la creó para operar.

Cuando una mujer se siente amada, le resulta más fácil vivir una vida de gozo y paz, incluso en medio de circunstancias difíciles. Cuando no es amada es como si hubiera un peso en su corazón. *"Esposos, amen a sus esposas y no sean duros con ellas"* (Colosenses 3:19). Cualquier hombre que viole la necesidad de amor de una mujer está usando mal y abusando del propósito de Dios para la mujer.

Es interesante notar que en ningún sitio en la Biblia Dios le dice a la mujer que ame al hombre. La mujer recibe la instrucción de someterse al hombre, de respetarlo y honrarlo. Sin embargo, Dios ordena al hombre una y otra vez que ame a la mujer. ¿Por qué? Es porque la caída dañó el amor natural del varón dado por Dios para amar a la mujer, así que ahora quiere gobernarla en vez de amarla como a sí mismo. Por eso cuando el varón es restaurado al diseño original de Dios mediante la redención en Cristo, tiene que recibir la instrucción de amar a la mujer. Por la misma razón, el respeto natural dado por Dios de la mujer hacia el varón fue dañado, y por eso ella tiene que recibir la instrucción de respetarlo. Así, cuando los propósitos de Dios son restaurados, se restablece la paz entre varones y mujeres; sin embargo, cuando permitimos que la naturaleza caída reine libremente, hay discordia.

Cuando Pablo dijo: "*Esposos, amen a sus esposas*", estaba diciendo, de hecho: "Esposo, por encima de todo ama a tu esposa. No te preocupes por otras cosas antes que por esto, porque puedes ocuparte de esas cosas a su debido tiempo. Si la amas, te ocuparás de muchos otros problemas y posibles problemas en tu matrimonio. Cuando le das el amor que necesita, ella operará adecuadamente, porque nació para ser amada".

*Pensamiento:* El propósito principal de la naturaleza receptora de la mujer es recibir amor.

*Lecturas:* Proverbios 27:19; 2 Corintios 3:17-18

Día 42

# REFLEJAR LA GLORIA DE DIOS

*"Así, todos nosotros, que con el rostro descubierto reflejamos como en un espejo la gloria del Señor, somos transformados a su semejanza con más y más gloria por la acción del Señor, que es el Espíritu".* —2 Corintios 3:18

Jesús tiene una novia diseñada para reflejar su naturaleza. En el original griego, su nombre es *ecclesia*. La traducción española de esta palabra es "iglesia". Jesús envió a la iglesia al mundo para ser un reflejo de sí mismo. Él le dijo a su Padre: "Yo les he dado [a la iglesia] *la gloria que me diste, para que sean uno, así como nosotros somos uno*" (Juan 17:22). Jesús dijo a su novia: "El mundo sabrá quién soy y que fui enviado por el Padre por la forma en que actúen, por su unidad unos con otros. El mundo no va a venir a mí para averiguar cómo soy; el mundo acudirá a la novia. Si no se aman unos a otros, nunca sabrán cómo soy yo" (ver Juan 13:34-35).

A menudo se ha dicho que un matrimonio es una iglesia dentro de la iglesia. Si el mundo no está viendo la naturaleza de Cristo a través de la iglesia como debería, quizá deberíamos comenzar a corregir este problema mirando primero las relaciones entre esposos y esposas, padres e hijas, hermanos y hermanas en nuestros hogares. Después deberíamos mirar la naturaleza de las relaciones entre hombres y mujeres en la iglesia.

El papel de la mujer como reflejo del amor y la naturaleza del hombre, puede revelar poderosamente el destacado amor de Dios hacia la humanidad. Ella puede mostrar a su familia, a su comunidad y al mundo lo que significa ser amada por Dios y llevar la imagen del Creador. Ella puede ser un testigo al mundo de la compasión de Dios y del sacrificio por el hombre, y del gozo y sanidad que podemos recibir a través de su amor.

Jesús dijo a sus discípulos de aquellos en el mundo que están perdidos: "¡Abran los ojos y miren los campos sembrados! *Ya la cosecha está madura*" (Juan 4:35). Si los hombres y las mujeres se dan cuenta del poderoso impacto que tiene su relación sobre la salvación del mundo, considerarán en oración y de forma seria cómo el mandato de dominio se puede llevar a cabo a medida que dan y reflejan el amor y la naturaleza de Dios en sus relaciones diarias.

*Pensamiento:* Jesús envió a la iglesia al mundo para ser un reflejo de sí mismo.

*Lecturas:* Isaías 58:6-8; Efesios 2:19-22

Día 43

## RESPETAR Y AFIRMAR A LAS MUJERES

*"De igual manera, ustedes esposos, sean comprensivos en su vida conyugal, tratando cada uno a su esposa con respeto".*
—1 Pedro 3:7

Maridos, amad a vuestras mujeres, así como Cristo amó a la iglesia, y se entregó a sí mismo por ella, para santificarla" (Efesios 5:25-26, RVR-60). Si un hombre quiere amar a su esposa, tiene que estar en compañía con Cristo. Tiene que saber cómo Cristo amó su iglesia. ¡Llevará toda una vida estudiar ese manual sobre el amor! Él *"se entregó a sí mismo por ella"*. Después la santificó.

Santificar algo significa retirarlo de todo lo demás, apartarlo en un lugar especial, cuidarlo cada día y valorarlo como una gema de incalculable valor. Santificar algo significa que no permitimos que se acerque nada que pudiera herirlo o destruirlo. Es apartar para un uso especial. Esto significa que no lo hacemos circular. No está disponible para entretener a otras personas.

Cuando un hombre realmente ama a su esposa, la considera como lo mejor de lo mejor. Cuando ella recibe ese amor, lo reflejará en su rostro, en cómo ve la vida, y en sus interacciones con otros.

Estos principios de la necesidad de una mujer de recibir amor se han expresado principalmente en el asentamiento de la relación matrimonial; sin embargo, se puede aplicar de forma más amplia. Así como hablamos sobre cómo las mujeres pueden ser ayuda y ánimo espiritual no solo para sus esposos, sino también para otros varones con los que se encuentren en su vida, los varones pueden hacer lo mismo por las mujeres. Pueden ayudar a construir la autoestima de una mujer valorándola y tratándola con amabilidad y amor cristiano. Las mujeres necesitan la afirmación de los hombres, así como los hombres necesitan el respeto de las mujeres. Es particularmente importante que los hombres entiendan esto, ya que a menudo están en posiciones de autoridad sobre las mujeres en la iglesia, en el lugar de trabajo, y en otras esferas de la vida, e influencian sus perspectivas y actitudes.

Podemos acudir a 1 Corintios 13 como la guía del hombre para respetar y afirmar a las mujeres en cualquier interacción o relación que tenga con ellas. Los hombres necesitan recordar que las mujeres que están bajo su autoridad o supervisión tienen que ser tratadas con consideración para que la naturaleza que Dios les ha dado no se apague. Las mujeres a menudo reflejan la forma en que son tratadas por los hombres; si los hombres reflejan el amor y la naturaleza de Cristo en sus tratos con las mujeres, las mujeres también pueden reflejar el amor y la naturaleza de Cristo.

Si eres madre, abuela o tía, o tienes otro papel de guía o influencia en la vida de un varón joven, puedes enseñarle estos principios, los cuales le prepararán para su propio matrimonio y las interacciones con mujeres en todas las áreas de su vida.

*Pensamiento:* Las mujeres necesitan la afirmación de los hombres, así como los hombres necesitan el respeto de las mujeres.

*Lecturas:* Salmos 86:15; 1 Corintios 13

## Día 44

# LA MUJER COMO DADORA DE VIDA

*"El hombre llamó Eva a su mujer, porque ella sería la madre de todo ser viviente".* —Génesis 3:20

Se ha dicho que la presión que soporta el cuerpo de una mujer durante el parto mataría a un hombre. Aparentemente, la presión es tan fuerte que el cuerpo de un varón no podría soportarlo físicamente. Este fenómeno vierte un nuevo sentido en el versículo: *"¡Te alabo porque soy una creación admirable! ¡Tus obras son maravillosas, y esto lo sé muy bien!"* (Salmos 139:14). Cuando Dios creó a la mujer para ser capaz de desarrollar un bebé y alumbrar ese bebé, ¡le dio unas capacidades extraordinarias! La creó para que pudiera hacer lo que estaba diseñada para hacer. La mujer fue diseñada para poder gestar, concebir, producir hijos y traer esa nueva vida al mundo.

Tras la caída de la humanidad, pero aparentemente antes de que el hombre y la mujer fueran expulsados del jardín, el hombre le puso a la mujer un nombre. *"El hombre llamó Eva a su mujer, porque ella sería la madre de todo ser viviente"* (Génesis 3:20). El nombre *Eva* en hebreo es *Chavvah*, y significa "dadora de vida". Es importante que Dios no hizo que el hombre y la mujer dejaran el jardín antes de que Eva recibiera un nombre. Su capacidad de tener hijos, su papel de dadora de vida, era parte del diseño original de Dios, y no es un resultado de la caída en forma alguna.

En el mes de mayo, los Estados Unidos y otros países celebran el Día de la Madre. Esto es apropiado por varias razones, pero ciertamente porque la mujer es en esencia una dadora de vida. Ella recibió la habilidad de recibir la semilla del varón y reproducir según su género. Esta es una capacidad maravillosa. Dios le dio a la mujer una responsabilidad poderosa en el mundo.

El embarazo es un proceso importante que cambia el enfoque y esfuerzo de todo el cuerpo de la mujer hacia la tarea de desarrollar la nueva vida dentro de su vientre. Sin embargo, el papel de dominio de la mujer como dadora de vida no está limitado a llevar en su vientre y dar a luz un niño humano. El diseño de Dios para la mujer como dadora de vida va más allá de sus capacidades físicas. Afecta toda su composición como mujer, un tema que exploraremos más en detalle en los siguientes dos devocionales.

*Pensamiento:* Dios le dio a la mujer la poderosa responsabilidad de ser una dadora de vida.

*Lecturas:* Génesis 17:15-22; 21:1-7; Lucas 1:1-66

Día 45

# LA "INCUBADORA": TRANSFORMACIÓN Y MULTIPLICACIÓN

*"Den, y se les dará: se les echará en el regazo una medida llena, apretada, sacudida y desbordante. Porque con la medida que midan a otros, se les medirá a ustedes".*
—Lucas 6:38

Con su capacidad de dar vida, podríamos decir que la mujer es una "incubadora", porque su misma naturaleza refleja su inclinación a desarrollar y dar nueva vida. Como Dios creó la capacidad de gestación de la mujer como una parte integral de su naturaleza, esta capacidad afecta todas las áreas de su vida. Ella tiene un vientre físico, pero también tiene un "vientre" emocional, un "vientre" mental e instintivo y un "vientre" espiritual. Ella da a luz vida en todas estas áreas de su composición. Ella recibe cosas, las nutre hasta que maduran, y después las devuelve en su forma plenamente desarrollada.

Todo vuelve al propósito y diseño de Dios. La naturaleza de la mujer es ser receptora, y esa es la razón por la que puede recibir la semilla del hombre para crear una nueva vida humana. Sin embargo, no es solo una cuestión de recibir, sino también de transformar lo que ha recibido de una forma destacable, lo que le hace ser una incubadora. Un vientre nunca te devolverá lo mismo que ha recibido. Siempre tomará lo que le has dado y lo multiplicará.

Como parte de su papel de dominio, la mujer está diseñada para concebir, desarrollar y dar nueva vida o "incubar" lo que recibe en sí misma. Está dotada con muchas habilidades creativas que pueden ayudar a sus seres queridos, a ella misma y al mundo. Cuando una mujer recibe una idea y la incuba, por lo tanto, se convierte en algo mayor, algo más grande, más fuerte y más dinámico. Una mujer incuba de estas maneras:

+ Ve posibilidades y potencial.
+ Medita palabras, acciones y relaciones entre las cosas.
+ Procesa palabras, ideas, necesidades y problemas.
+ Concibe e inventa.
+ Desarrolla ideas, planes y programas.
+ Protege lo que ha recibido mientras lo desarrolla.
+ Produce algo nuevo de lo que recibe.
+ Multiplica lo que se le ha dado.

Se podría decir que la mujer es todo un departamento de investigación y desarrollo en uno. En esto, ella refleja la naturaleza de su Creador. Así como Dios creó al hombre de sí mismo, una mujer produce nueva vida de dentro de ella misma.

Muchas mujeres han sido tan golpeadas por la vida que raras veces han usado sus dones de incubación. Otros les han dicho que no tienen nada que aportar. Yo creo que Dios quiere liberarte para que desarrolles los dones que Él ha puesto dentro de ti y las ideas y visiones que te dará. No tengas miedo. Dios te ha dado una capacidad tremenda, y puedes ser una bendición para muchos al reflejar la naturaleza de tu Creador, el Dador de Vida.

*Pensamiento:* Cualquier cosa que le des a una mujer, ella lo multiplicará.

*Lecturas:* Salmos 92:4-5; Juan 8:36

## Día 46

# UNA INCUBADORA ESPIRITUAL

*"En el mismo pueblo había una viuda que insistía en pedirle: 'Hágame usted justicia contra mi adversario'".*

—Lucas 18:3

¿A qué se debe que pocos hombres asisten a las reuniones de oración? Observé esto en mi iglesia y comencé a preguntarme por qué. Entonces me di cuenta: "Es porque las mujeres son incubadoras. Si se les presenta una idea, una necesidad o un problema, se lo tomarán muy en serio y trabajarán en ello hasta llegar a una solución".

Así como un vientre nutre un feto durante el desarrollo y una incubadora protege a los bebés enfermos o prematuros, una mujer tiene un instinto de nutrir que puede ser una poderosa fuente de ánimo en las vidas de otros. Si un hombre quiere que se ore por algo, debería decírselo a una mujer. Ella tomará la circunstancia en su vientre espiritual, donde se reúne con Dios en su ser interior, lo incuba durante meses, si es necesario, y produce una solución. Ella no se rendirá hasta que reciba una respuesta de Dios.

Jesús no dijo que fue un hombre el que llamó a la puerta del juez para conseguir justicia (ver Lucas 18:2-8). No fue un hombre el que persistió ante el Señor Jesús para conseguir sanidad para su hija, diciendo: *"pero hasta los perros comen las migajas que caen de la mesa de sus amos"* (Mateo 15:27). ¿Sabes a quién le dio Dios primero el mensaje de la resurrección? A mujeres. Fueron las mujeres las que vieron primero a Cristo resucitado y fueron a decírselo a los hombres. ¿Por qué? ¡Porque los hombres se habían encerrado en su habitación! (ver Juan 20:19). Observa también que Jesús le dio a la mujer del pozo un mensaje, y ella lo convirtió en un equipo evangelístico completo (ver Juan 4:4-30). Las mujeres son incubadoras espirituales que dan a luz resultados espirituales en Dios.

*Pensamiento:* Una mujer no se rendirá en oración hasta que reciba una respuesta de Dios.

*Lecturas:* 1 Samuel 1:1-20; Lucas 18:1-8

*Día 47*

## ANCLADOS EN LA ROCA

*"Tenemos como firme y segura ancla del alma una esperanza que penetra hasta detrás de la cortina del santuario, hasta donde Jesús, el precursor, entró por nosotros, llegando a ser sumo sacerdote para siempre, según el orden de Melquisedec".* —Hebreos 6:19-20

La palabra *Bahamas* significa "aguas poco profundas", pero hay un lugar donde el mar alcanza unos mil ochocientos metros, llamado la lengua del océano. Una vez, mis asociados y yo habíamos ido a pescar con arpón, y nos estábamos zambullendo en un arrecife justo al lado de la lengua. Mientras nuestro barco se mantuviese en la zona poco profunda, el ancla se agarraba porque podía llegar a las rocas del fondo. Pero el ancla se fue a un banco de arena, y la corriente de la lengua del océano comenzó a arrastrar el barco.

Cuando el barco se desvió hasta la lengua, el ancla ya no tenía nada a lo que aferrarse; estaba a cientos de metros por encima del fondo del océano. Cuando nos dimos cuenta de lo que ocurría, estábamos en el arrecife gritando para que viniera el capitán, y él estaba intentando encender el motor, ¡pero el motor no arrancaba! Se estaba desviando hacia las profundidades del océano.

Fue un momento que nunca olvidaré. Estábamos a unos quince metros de la lengua donde había grandes tiburones. Estábamos en el arrecife, había una fuerte corriente que podría arrastrarnos hacia la lengua, y nuestro único refugio era el barco. En ese momento, el ancla del barco era inútil como nuestra seguridad, ya que no tenía nada a lo cual aferrarse. Tras estar toda la noche en la oscuridad, finalmente nos rescataron. Nuestras familias habían llamado al equivalente a la Guardia Costera en las Bahamas, y un barco llegó y nos encontró.

No eres lo suficientemente fuerte para mantener seguro el "barco" de tu familia si, como ancla, no tienes nada sólido a lo cual aferrarte. Si no puedes mantenerte firme y te "pierdes en el mar", ¿qué harán? Asegúrate de que estás anclada *"firme y segura"* a Jesucristo (ver Hebreos 6:19).

*Pensamiento:* Aunque un ancla es muy pesada, tiene que descansar sobre algo más pesado para que se pueda aferrar a ello firmemente.

*Lecturas:* Salmo 18:30-32; 1 Pedro 2:4-6

*Día 48*

## LOS PADRES Y EL PROPÓSITO

*"Y ustedes, padres, no hagan enojar a sus hijos, sino críenlos según la disciplina e instrucción del Señor".* —Efesios 6:4

¿Tuvo Jesús algún problema de adolescente? La respuesta es, muy sencillamente, no. ¿Por qué? Una razón es que sus padres terrenales reforzaron su propósito desde el nacimiento. De algún modo creo que a Dios le encantaría que todos los padres lo conocieran a Él tan bien, que tuvieran una idea del propósito para la vida de sus hijos.

El ángel Gabriel le dijo a María: *"Quedarás encinta y darás a luz un hijo, y le pondrás por nombre Jesús. Él será un gran hombre, y lo llamarán Hijo del Altísimo"* (Lucas 1:31-32). Un ángel del Señor le dijo a José: *"y le pondrás por nombre Jesús, porque él salvará a su pueblo de sus pecados"* (Mateo 1:21). Cuando Jesús nació, María y José pudieron hablarle sobre su propósito. Aunque en ese tiempo ellos no entendían del todo las implicaciones de su nombre, le pudieron decir: "Serás un Salvador". El significado hebreo del nombre *Jesús* es "Jehová-salvó" o "el Señor es salvación". En esencia, el nombre de Jesús significa "Salvador".

No puedo enfatizar con más fuerza que conocer tu propósito es crucial para el curso de tu vida. Cada joven llega a un momento en su vida en el que deja la niñez y entra en la vida adulta. Este es el momento en el que intenta descubrir quién es y por qué está aquí. A menudo este es también el momento en el que lo perdemos o lo ganamos: lo perdemos para un estilo de vida destructivo y una vida malgastada o lo ganamos para un futuro positivo y satisfactorio. El propósito, por lo tanto, es una clave para la eficacia y felicidad en la vida de una persona joven.

Proverbios 19:18 dice: *"Corrige a tu hijo mientras aún hay esperanza; no te hagas cómplice de su muerte"*. Esto es algo serio. Este versículo está diciendo: "Disciplina y entrena a un niño ahora porque hay esperanza en esa disciplina, esperanza en ese entrenamiento". Estás dándole esperanza a tu hijo cuando le disciplinas y corriges porque ¡le estás dando un sistema de valores para toda su vida!

El versículo de arriba hace la fuerte declaración de que si no haces esto, puede que seas cómplice de la muerte de tu hijo. Proverbios 29:15 dice: *"La vara de la disciplina imparte sabiduría, pero el hijo malcriado avergüenza a su madre"*. Echa un vistazo a los reformatorios. Echa un vistazo a los presos de las cárceles. Mira a la gente que vive en la calle. Observa a los jóvenes que tienen poco sentido de dirección o moralidad. Muchos de ellos se quedaron solos de niños, sin nadie que les enseñara carácter y valores.

*Pensamiento:* Cuando disciplinas y corriges a tu hijo, le estás dando un sistema de valores para toda su vida.

*Lecturas:* Proverbios 1:1-9; Lucas 2

Día 49

## ENSEÑA A TUS HIJOS Y A TUS NIETOS

*"Cuéntenselas a sus hijos y a sus nietos".*
—Deuteronomio 4:9

En Deuteronomio, Moisés dio instrucciones de Dios a los cabezas de cada hogar sobre enseñar a sus familias los caminos de Dios:

*¡Pero tengan cuidado! Presten atención y no olviden las cosas que han visto sus ojos, ni las aparten de su corazón mientras vivan. Cuéntenselas a sus hijos y a sus nietos.*
(Deuteronomio 4:9)

Dios está muy interesado en que los padres enseñen a sus hijos acerca de Él. No está diciendo aquí que envíes a tus hijos a la iglesia, a la escuela dominical, o a un club de la Biblia en vacaciones. Está diciendo que seas tú quien les enseñe. Esas otras actividades son buenas, pero si lo que enseñan no está reforzado en el hogar, los hijos pueden deducir que sus padres no creen que la Biblia es importante. Los padres no se dan cuenta del impacto tan negativo que esta actitud puede tener sobre su familia.

*"...y a sus nietos".* Quiero decir algo aquí a los abuelos. Cuando su hija o su hijo le envían con ustedes a ese niñito o niñita, ¿qué se lleva a su casa cuando se va? Algunos niños aprenden cosas de sus abuelos que no son afortunadas. Los padres ven que sus

hijitos regresan a casa maldiciendo o contando historias feas, y se preguntan dónde las han oído. ¡Las están escuchando de su abuelo o abuela! Los hijos de sus hijos deberían llevarse de ustedes la Palabra. Timoteo recibió una gran herencia espiritual tanto de su madre como de su abuela. Pablo escribió: *"Traigo a la memoria tu fe sincera, la cual animó primero a tu abuela Loida y a tu madre Eunice, y ahora te anima a ti. De eso estoy convencido"* (2 Timoteo 1:5).

Cuando sus hijos les envían a sus hijos con ustedes, esos niños deberían volver a sus casas sabiendo más de Dios.

*Pensamiento:* A Dios le interesa mucho que los padres enseñen a sus hijos acerca de Él.

*Lecturas:* Proverbios 20:15; Efesios 4:29

*Día 50*

# FORTIFICA A TUS HIJOS CON LA PALABRA

*"Grábate en el corazón estas palabras que hoy te mando. Incúlcaselas continuamente a tus hijos. Háblales de ellas cuando estés en tu casa y cuando vayas por el camino, cuando te acuestes y cuando te levantes. Átalas a tus manos como un signo; llévalas en tu frente como una marca; escríbelas en los postes de tu casa y en los portones de tus ciudades".*
—Deuteronomio 6:6-9

Meditando en estos versículos de arriba, veamos cuatro formas concretas en las que Dios le dijo a Moisés que los padres debían hablar a sus hijos sobre sus mandamientos.

*"Háblales de ellas cuando estés en tu casa"*. ¿Qué oyen tus hijos en tu casa? ¿Qué oyen cuando se sientan a comer? ¿Algún escándalo que ha salido en los periódicos? ¿Sobre la última película? ¿De qué hablas? ¿Hablas sobre la bondad del Señor? Cuando están en casa durante su tiempo libre, ¿qué haces? ¿Pasas tiempo enseñando a tus hijos la Palabra? ¿Tienes devocionales familiares?

*"Háblales de ellas... cuando vayas por el camino"*. ¿De qué hablas cuando llevas a tus hijos a la escuela o viajas con ellos? ¿Gritas a otros conductores o escuchas emisoras de radio que no edifican en absoluto? ¿Qué ejemplo les das a tus hijos cuando

estás en público? ¿Hablas de otros a sus espaldas? ¿O vives la Palabra de Dios de una forma natural cada día?

"*Háblales de ellas... cuando te acuestes*" (Deuteronomio 6:7). Antes de decirles buenas noches a tus hijos o de arroparlos al acostarse, ¿con qué palabras les dejas? ¿La seguridad de la presencia y la paz de Dios durante la noche? ¿Un salmo de ánimo? ¿O les despides con un saludo con tu mano desde la distancia mientras terminas de trabajar en algo?

De hecho, ¿en qué piensas antes de irte a dormir? ¿Sabes que lo último en lo que piensas por la noche es por lo general lo primero que piensas cuando te despiertas? A veces sueñas con ello. Me maravilla que la gente piense deliberadamente en las peores cosas. Quizá lees los peores libros antes de irte a la cama, y después te preguntas por qué tu espíritu está perturbado.

"*Háblales de ellas... cuando te levantes*". Cuando te levantas por la mañana, es más probable que pienses en la Palabra de Dios si has meditado en ella antes de irte a la cama. Y comenzarás a ministrar cuando hables de ella con tu familia.

¿Cómo saludas por lo general a tus hijos en la mañana? ¿Con un tranquilo recordatorio del amor y la fortaleza de Dios para el día? ¿Con qué armadura espiritual los envías a la escuela? Es un mundo difícil en el que tus hijos están creciendo hoy día, y necesitan la Palabra de Dios para que les fortalezca para su vida diaria.

*Pensamiento:* Los hijos necesitan que la Palabra de Dios les fortalezca en su vida diaria.

*Lecturas:* Deuteronomio 6; Santiago 1:22-25

## Día 51

## CONDICIONA A TUS HIJOS

*"Instruye al niño en el camino correcto, y aun en su vejez no lo abandonará".* —Proverbios 22:6

Si instruyes a tus hijos, crecerán conociendo los caminos de Dios y tendrán paz en su corazón. Lo que los niños aprenden de sus padres nunca lo olvidarán. Aún retengo lo que mi padre y mi madre me enseñaron. Las mismas tentaciones que les llegan a cada hombre joven me llegaron a mí. Lo que me mantuvo equilibrado fueron los valores y la moralidad que ellos me inculcaron. Hubo situaciones en las que si no hubiera sido por las instrucciones de mis padres, habría sucumbido. Lo que me guardó fue el carácter que aprendí de su enseñanza y corrección. Amo a mis padres porque me disciplinaron.

Mis padres tenían una forma maravillosa de sentarme y decir: "Mira, por esto te disciplinamos". Ellos no solo me castigaban; me corregían. Decían: "Si sigues haciendo eso, esto es lo que ocurrirá", y "Si sigues yendo con esas personas, este será el resultado". Disciplinar a tus hijos será doloroso tanto para ti como para tus hijos a veces, pero los resultados serán positivos y saludables.

Mi corazón está con los padres y madres solteros que tienen que cumplir el papel de padre y madre a la vez. Quiero animarte mucho a que no dejes que tus hijos te instruyan a ti. No les permitas invertir los papeles de padre y madre e hijo. Quizá no lo sepas todo en la vida, ¡pero sabes más que ellos! Y eso es suficiente para que tú estés al mando. No me importa cuántos años tengan ellos, si tú pagas la hipoteca, si tú los mantienes, tú pones las reglas. Si desobedecen las reglas, tienes que asegurarte de que experimenten las consecuencias.

"*Instruye al niño en el camino correcto...*" (Proverbios 22:6). La palabra para "*instruye*" en este versículo es la misma palabra que se usa para condicionar. La Biblia está diciendo: "Condiciona a tu hijo en el camino correcto". ¿Por qué? Él no puede condicionarse a sí mismo. Él nació con un espíritu rebelde. No tienes que enseñar a tus hijos a decir malas palabras, mentir, robar, cometer adulterio o tener amargura y odio. Es algo que ya está en ellos. Si no los condicionas, se volverán caprichosos de forma natural. Tienes que instruirlos. Si buscas a Dios y confías en Él, el Señor proveerá todo lo que necesites para ayudarte a cumplir esta tarea, ya sea que tengas pareja o seas un padre o madre soltera. "*Padre de los huérfanos y defensor de las viudas es Dios en su morada santa*" (Salmo 68:5).

*Pensamiento:* Disciplinar a tus hijos será doloroso tanto para ti como para tus hijos a veces, pero los resultados serán positivos y saludables.

*Lecturas:* Proverbios 29:17; Efesios 6:1-4

Día 52

# ANIMA Y CONSUELA A TUS HIJOS

*"Saben también que a cada uno de ustedes lo hemos tratado como trata un padre a sus propios hijos. Los hemos animado, consolado y exhortado a llevar una vida digna de Dios, que los llama a su reino y a su gloria".*
—1 Tesalonicenses 2:11-12

Los hijos necesitan ánimo. Algunos hijos nunca oyen una palabra de ánimo de boca de sus padres. ¿Has visto cómo algunos padres hablan a sus hijos? Actúan como si los hijos no hicieran nada bien. No recuerdan lo que es ser un niño, y esperan que sus hijos tengan habilidades de adulto. Un niño de diez años está lavando los platos. Su padre llega y dice: "¿No sabes limpiar los platos mejor?". El pequeño al menos lo está intentando, así que anímalo. Quizá se deja un poco de jabón en los fogones o en la encimera. No mires lo que se dejó; mira lo que limpió. Anímalo.

Quizá tu hija no puede leer tan rápido como leías tú cuando tenías su edad. No la critiques. Anímala. Algunos niños lo están intentando con todas sus fuerzas. A veces un niño intenta ayudar con las tareas y accidentalmente rompe algo. Su madre entra en la habitación y grita: "Pero ¿qué haces?". Y se lleva un sermón, así que se va a su cuarto con el corazón roto, un espíritu deprimido y un ego dolido, y piensa: ¡Ya no voy a ayudar nunca más! Algunos padres no ven la intención de sus hijos. Solo ven su propio enojo y frustración. Por lo tanto, corrige e instruye a tus hijos con paciencia, y anima sus esfuerzos.

Los niños también necesitan consuelo. Anímalos cuando estén haciendo algo positivo, y cuando quieras que mejoren en algo. Pero habrá veces en las que estén desanimados, dolidos, confundidos o desilusionados. Es entonces cuando necesitan consuelo.

¿Cómo puedes consolar a tus hijos? Dejándoles saber que son amados, incluso cuando cometen errores o no alcanzan tus expectativas. Escuchando sus luchas y problemas con amabilidad y entendimiento. Dándoles cálidos abrazos y palabras de amor cuando estén tristes. Recordando las veces que Dios te ha consolado a ti en tu angustia y dándoles ese mismo consuelo a ellos.

Para ser una persona que consuela, tienes que ser accesible para tus hijos. Tienes que saber qué sucede en sus vidas para que sepas cuándo están experimentando dificultades y soledad. A los hijos les consolará saber que estás ahí para ellos y que te esfuerzas por pasar tiempo con ellos. Tu consuelo también les ayudará a saber que su Padre celestial es un Padre de consolación, como se le describe en su Palabra: *"Padre misericordioso y Dios de toda consolación, quien nos consuela en todas nuestras tribulaciones"* (2 Corintios 1:3-4).

*Pensamiento:* Consolar a tus hijos les ayudará a saber que su Padre celestial es Padre de consolación.

*Lecturas:* Job 16:1-5; 2 Corintios 1:3-6

Día 53

## ADVIERTE A TUS HIJOS

*"A este Cristo proclamamos, aconsejando y enseñando con toda sabiduría a todos los seres humanos, para presentarlos a todos perfectos en él".* —Colosenses 1:28

La Biblia señala que los padres responsables exhortan a sus hijos a *"llevar una vida digna de Dios"* (1 Tesalonicenses 2:12). Es responsabilidad de los padres advertir a sus hijos de las consecuencias de rechazar a Dios. "Hijo, hay un infierno eterno. Te advierto que lo que siembres en la tierra, lo cosecharás en la eternidad." "Hija, te advierto que todo aquello en lo que participes, tiene el potencial de seguirte durante el resto de tus días." Estos son ejemplos de advertencias espirituales.

Cuando la humanidad rechazó a Dios, Él les dio lo que querían. Los entregó a sus pasiones. Eso no es tan simple como pudiera parecer. Si Dios solamente nos hubiera entregado a lo que queríamos, la implicación podía haber sido que podríamos tener éxito al margen de Él. Pero cuando Dios nos entregó, también nos permitió experimentar los resultados inevitables de nuestras acciones. Dios no solo dijo: "Está bien, vayan, adelante". Dijo: "Si siguen adelante, terminarán en depravación, porque no es así como yo les hice" (ver Romanos 1:28).

Los padres deben animar a sus hijos a vivir de una forma recta; sin embargo, ¡cuántos padres confunden la advertencia con la amenaza! "¡Te voy a matar si no dejas de hacer eso!". Algunos padres no tienen tacto alguno porque no saben hacerlo mejor. Un niño interpreta una advertencia como amor, pero ve una amenaza como odio.

Muchos padres advierten a sus hijos, pero sus hijos no les prestan atención porque ellos no están siendo un buen ejemplo. ¿Estás siendo un buen ejemplo para tus hijos al andar en los caminos de Dios? ¿Qué observan sobre la forma en que vives tu vida y las consecuencias de tus acciones? Si estás andando en los caminos de Dios cuando adviertes a tus hijos, ellos llegarán a respetar al Dios de sus padres. Dirán: "Si obedezco a mis padres, estaré obedeciendo a mi Dios. Sé que mis padres saben qué es lo mejor, porque veo a Dios obrando en sus vidas. Obedeceré a mis padres porque quiero que Dios obre también en mi vida".

Advierte a tus hijos. Es tu responsabilidad.

*Pensamiento:* ¿Estás siendo un buen ejemplo para tus hijos al andar en los caminos de Dios?

*Lecturas:* Salmos 19:8-13; Tito 2:1-8

Día 54

## DISEÑOS PERFECTAMENTE COMPLEMENTARIOS

*"El ojo no puede decirle a la mano: «No te necesito». Ni puede la cabeza decirles a los pies: «No los necesito»".*
—1 Corintios 12:21

Dios creó a los hombres y a las mujeres con diseños perfectamente complementarios. El varón es perfecto para la mujer, y la mujer es perfecta para el varón. Cuando los hombres y las mujeres esperan que el otro piense, reaccione y se comporte de la misma forma, es decir, cuando no saben o aprecian las diferencias dadas por Dios, entonces experimentan conflicto. Sin embargo, cuando entienden y valoran los propósitos del otro, pueden tener relaciones reconfortantes, y pueden mezclar sus particulares diseños de forma armoniosa para la gloria de Dios.

Muchos maridos y esposas no se dan cuenta de que las necesidades de su cónyuge son distintas a las suyas. Hay un principio que dice que "el propósito dicta la naturaleza, y la naturaleza dicta las necesidades". Si una mujer quiere ayudar a un hombre a cumplir su propósito, ella debe aprender cuál es la naturaleza de él, cómo opera, y cuáles son sus necesidades. Ella no puede darle lo que ella necesita, porque las necesidades de él a menudo son distintas de las de ella. Sucede lo mismo a la inversa. Un hombre debe aprender cuáles son las necesidades de la mujer y buscar suplirlas.

Dios ha dado fortalezas a la mujer que el hombre no posee, y viceversa. Hasta que reconozcan las naturalezas que Dios ha puesto en cada uno de ellos, serán débiles en ciertas áreas, porque cada uno fue diseñado para suplir lo que al otro le falta. Los hombres y las mujeres tienen fortalezas distintas, y ninguno puede operar plenamente sin el otro.

Los diseños de los varones y de las mujeres gobiernan las necesidades de cada uno de ellos que deben suplirse para que ambos se sientan realizados, contentos, y viviendo en los propósitos de la creación de Dios. El problema es que muchas personas no son del todo conscientes de sus propias necesidades, y mucho menos de las necesidades del otro. Incluso cuando las personas son conscientes de sus necesidades, a menudo viven frustrados porque sus necesidades no están siendo satisfechas. Terminan demandando que otra persona las satisfaga o sufriendo en silencio, resignados a no vivir nunca una vida totalmente satisfactoria.

En los próximos devocionales exploraremos las necesidades primordiales de la mujer y del varón que contribuyen a tener una relación gratificante. Por favor, ten en mente que las necesidades que se enumeran como necesidades de la mujer y las necesidades que se enumeran como necesidades del varón son también necesidades de ambos. Sin embargo, las trataremos en el contexto de las necesidades *primordiales* de cada uno.

Al disponernos a entender las necesidades del otro y esforzarnos por suplirlas, nuestro corazón y nuestra mente serán renovados y se restaurarán en nuestra vida más propósitos de la creación de Dios. En este esfuerzo, el gran principio de Jesús, *"hay más dicha en dar que en recibir"* (Hechos 20:35), es vital. Cuando das, supliendo así las necesidades de otros, serás bendecida, y muchas de tus propias necesidades serán suplidas a cambio.

*Pensamiento:* Cuando los hombres y las mujeres entienden y valoran los propósitos del otro, pueden tener relaciones satisfactorias.

*Lecturas:* Génesis 2:23; 1 Corintios 12:12-16

## Día 55

# NECESIDAD DE AMOR/RESPETO

*"En todo caso, cada uno de ustedes [esposos] ame también a su esposa como a sí mismo, y que la esposa respete a su esposo".* —Efesios 5:33

En el versículo de arriba, el apóstol Pablo enfatizó las necesidades principales de hombres y mujeres, las cuales comenzamos a ver en devocionales anteriores. Como ella fue creada con el propósito de recibir amor, una mujer no solo desea amor; verdaderamente lo necesita. Una mujer quiere sentir que es importante y especial para su esposo. Cuando un hombre pasa tiempo con una mujer, esto le hace sentirse querida porque sabe que ella es primero en su vida; se siente cuidada cuando él sale a trabajar para asegurarse de que ella tenga todo lo que necesita.

Tanto como una mujer necesita sentirse amada, un hombre necesita saber que es respetado. Ser respetado es muy importante para su autoestima, y afecta todas las demás áreas de su vida. Es parte de su naturaleza como líder, protector y proveedor. Una esposa puede suplir la necesidad de su esposo de admiración y respeto entendiendo el valor de él y sus logros más que cualquier otra persona. Ella tiene que recordarle sus capacidades y ayudarlo a mantener la confianza en sí mismo. Ella debería estar orgullosa de su esposo, no por obligación, sino como una expresión de admiración sincera por el hombre con el que ha escogido compartir su vida.

Deberíamos recordar que un hombre soltero necesita respeto tanto como un hombre casado. Necesita el respeto y la afirmación de las mujeres porque está diseñado para necesitarlo. Las mujeres en la vida de un hombre soltero pueden suplir su necesidad reconociendo su valor y sus logros como hombre, y animándolo en sus talentos y su obra en la vida.

Como la principal necesidad de la mujer es el amor, a menudo piensa que la principal necesidad del varón es también el amor. Él necesita amor, pero su necesidad de respeto es aún mayor. Si una mujer le expresa su amor a un varón, sin suplir su necesidad de respeto, puede que él no responda como ella esperaría que lo hiciera. Él podría mostrarse un tanto distante. Por ejemplo, una mujer podría preguntarse por qué su esposo no parece satisfecho en la relación cuando ella ha estado intentando ayudarlo con mucho amor manteniendo la casa en orden y proveyendo para sus necesidades materiales. Puede que una mujer incluso le escriba notas de amor a su esposo y le dé mucho afecto, pero observe que aun así él no parece feliz. Ella se pregunta: ¿Qué más puedo hacer por este hombre?

Sin embargo, un hombre siente por esas cosas lo mismo que siente una mujer por la provisión para el hogar que aporta el varón. Él está agradecido de que sus necesidades materiales y emocionales estén cubiertas, y aprecia los esfuerzos de su esposa; sin embargo, estas cosas no tratan su necesidad principal. Un esposo tiene que amar y cuidar a su esposa. Una esposa tiene que respetar y honrar a su esposo. De esta forma, habrá una constante atención de las principales necesidades mutuas.

*Pensamiento:* Edifica a tu cónyuge supliendo su necesidad principal.

*Lecturas:* Proverbios 31:23; 1 Pedro 1:22

## Día 56

## APOYAR, NO COMPARAR

*"Su esposo confía plenamente en ella y no necesita de ganancias mal habidas. Ella le es fuente de bien, no de mal, todos los días de su vida".* —Proverbios 31:11-12

La mujer está hecha para bendecir, apoyar y honrar al hombre, y el hombre está hecho para ser su cabeza, cobertura y protección. De esta forma, se estarán ayudando el uno al otro a ser todo aquello para lo que fueron creados; sin embargo, estos propósitos se destruyen cuando el hombre y la mujer no conocen o tratan las necesidades del otro.

Una mujer que lucha con la falta de visión o inmadurez espiritual de su esposo podría empezar a compararlo con otros hombres cristianos. Lo peor que una mujer puede hacer es comparar a su esposo con otro hombre. Mujeres, por favor no les digan a sus esposos: "¿Por qué no puedes ser como nuestro pastor?" o "¿Por qué no puedes ser como fulanito?". Eso es lo más peligroso, y ridículo, que una mujer le puede decir a un hombre. Cada hombre es su propio ser y tiene su propia imagen de sí mismo. De nuevo, tienes que apoyarlo aunque él no sea perfecto; tienes que ser una animadora para él en su vida.

Por ejemplo, un hombre siempre quiere sentir que es un líder. Intenta hacer sentir a tu esposo que ha contribuido significativamente al éxito de tu familia. Cuando haces sentir a un hombre que es importante en cuanto a lo que ha logrado, que él es el responsable, o que su aportación fue necesaria para el éxito de algo, tendrás a alguien que te servirá, porque un hombre se alimenta del respeto. Sin embargo, si le haces sentir poco importante, te meterás en problemas. "Bueno, de todas formas no te necesito; llevo haciendo esto diez años sin ti". Cuando le expresas esta idea a un hombre, él se alejará cada vez más de ti.

*Pensamiento:* Lo peor que una mujer puede hacer es comparar a su esposo con otro hombre.

*Lecturas:* Proverbios 25:24; Filipenses 4:4-5

Día 57

## ¿QUÉ HAGO MIENTRAS TANTO?

*"Pacientes, tolerantes unos con otros en amor".*
—Efesios 4:2

Uno de los problemas que una mujer puede enfrentar es que su esposo no sepa que debería amarla del modo en que hemos estado hablando. Aunque puede que una mujer honre y estime a su esposo, él podría no estar mostrándole amor porque realmente no sabe aún cómo hacerlo. Este es un problema muy real para muchas esposas, que se preguntan: ¿Qué hago mientras tanto? Aunque los hombres y las mujeres tienen que entender y suplir las necesidades del otro, si la mujer entiende las necesidades tanto de los varones como de las mujeres, pero su cónyuge no, es importante que tenga paciencia. Ella tiene que responder a su esposo en base a lo que él sabe.

Si sé que una persona es ignorante, no puedo enojarme con ella. Jesús es nuestro modelo más alto de esto. Dijo: *"Padre, perdónalos, porque no saben lo que hacen"* (Lucas 23:34). La dificultad viene cuando sabes que una persona es consciente de lo que se supone que debe hacer, pero aún así no lo hace. En este caso, se necesita algún tipo de represión. Dependiendo de la situación, una mujer podría apelar directamente a su esposo; o podría apelar al pastor, a un amigo cristiano de confianza o incluso a un familiar para que hable por ella con su marido. Sin embargo, su mejor apelación es orar por su esposo y permitir que el Señor le cambie.

Se puede reprender a una persona que tiene conocimiento, pero hay que pasar por alto las faltas de una persona que es ignorante. Esto impedirá que la amargura eche raíces en tu corazón. Evita culpar a la otra persona, vive responsablemente delante de Dios, y asegúrate de cumplir con tus propias responsabilidades hacia tu cónyuge. *"De modo que, si algunos de ellos no creen en la palabra, puedan ser ganados más por el comportamiento de ustedes que por sus palabras"* (1 Pedro 3:1).

*Pensamiento:* Confía en que Dios enseñará a tu cónyuge a suplir tus necesidades.

*Lecturas:* Salmos 28:7; Filipenses 4:6-7

Día 58

# NECESIDAD DE CONVERSACIÓN/RECREO

*"La dulzura de la amistad fortalece el ánimo".*
—Proverbios 27:9

Una mujer necesita conversación; sin embargo, como los varones tienen una mentalidad de liderazgo, a veces sus conversaciones con sus esposas se reducen a instrucciones en lugar de ser un diálogo abierto. Una mujer desea tener a un hombre que hable *con* ella, y no solo que le hable *a* ella.

Algunos hombres no se dan cuenta de que la mujer tiene la necesidad de expresarse y, por lo tanto, tiene mucho en su interior que quiere compartir. Un hombre puede suplir la necesidad que tiene la mujer de conversación íntima intentando continuamente comunicarse con ella. Para suplir verdaderamente su necesidad, debería hablar con ella a nivel de *sentimientos* y no solo a nivel de conocimiento e información. Ella necesita que él escuche sus actitudes sobre los eventos de su día con sensibilidad, interés y preocupación, resistiendo el impulso de ofrecer soluciones rápidas. En cambio, él debería ofrecer toda su atención y comprensión. Todas sus conversaciones con ella deberían expresar un deseo de entenderla, no de cambiarla.

La naturaleza competitiva del varón le lleva a su necesidad de compañía recreativa, su necesidad de involucrarse en actividades que supongan un desafío. Aunque le gusta ganar, el varón también desea compartir esas experiencias con otros. Nada bendice más a un hombre que cuando una mujer se involucra en su recreo favorito. Si una esposa participa de lo que su marido disfruta haciendo y le permite que él le hable de ello, estará fortaleciendo su relación con él. Él se sentirá bien de que ella esté involucrada en las cosas que a él le interesan.

He escuchado a mujeres decir cosas como esta sobre sus esposos: "Ese niño grande; siempre está en el campo de fútbol dando patadas al balón. Ya me gustaría que dejara de hacer eso y viniera a casa y se comportara como un verdadero esposo". Esta actitud no ayudará a la situación. Él tiene una necesidad que está supliendo al jugar al fútbol. ¿Por qué un hombre pasaría horas en algo a menos que tenga una necesidad que está siendo suplida a través de ello? En vez de luchar contra lo que a un hombre le da satisfacción, la mujer debería descubrir por qué es importante para él. Después, si es posible, ella debería participar en ello para que lo puedan experimentar juntos, construyendo así comprensión, compañía e intimidad en su relación.

⎝⎯⎞

*Pensamiento:* El varón necesita compartir sus intereses, y la mujer necesita conversación: estas necesidades relacionadas pueden ser un puente maravilloso de comunicación entre varones y mujeres.

*Lecturas:* Génesis 2:18; Juan 4:4-39

## Día 59

# NECESIDAD DE AFECTO/SEXO

*"Mi amado es mío, y yo soy suya".*
—Cantar de los Cantares 2:16

La mujer necesita afecto. No es solo que ella quiera afecto, ¡sino que lo necesita! Sin embargo, aunque una de sus principales necesidades es el afecto, una de las principales necesidades del varón es el sexo. Si estas dos necesidades interrelacionadas no se entienden y equilibran amorosamente, pueden causar algunos de los peores conflictos en un matrimonio.

Es importante que una mujer sea sensible a la necesidad de sexo de su esposo. A veces, una mujer ve la energía sexual de un hombre como algo animalista y desconsiderado. Si el enfoque de él es demasiado abrupto o demasiado agresivo, puede que ella le diga que le dé su espacio. También hay veces en las que ella no está lista para una relación sexual debido a su ciclo, así que lo aleja. En estas situaciones, el hombre puede interpretar sus negativas como falta de interés o falta de respeto, en vez de reconocer las razones subyacentes que hay tras ello.

Lo que las mujeres y los hombres tienen que entender es que *el afecto crea el entorno para la unión sexual* en el matrimonio, mientras que *el sexo es el evento*. La mayoría de los hombres no se dan cuenta de esto, así que de inmediato persiguen el evento.

No saben lo que significa crear un entorno de afecto. Se enfocan solo en su propia necesidad. Las mujeres necesitan que el afecto preceda a la intimidad sexual.

El hombre es quien proporciona la semilla, y por lo tanto su inclinación natural es proveer esta fuente. Esta es una de las razones por las que él se concentra en el evento del sexo. La mujer, por el contrario, es la que gesta la nueva vida. Su papel es proporcionar un entorno cálido y seguro en el que la vida pueda crecer y desarrollarse. Como incubadora que es, el enfoque natural de la mujer está en la esfera sensorial, intuitiva y emocional de la vida, y por eso tiene una necesidad correspondiente de afecto. Ella necesita un entorno de afecto para sentirse amada y realizada.

El problema es que la mayoría de los varones no son afectuosos por naturaleza. Muchos hombres simplemente no saben cómo dar afecto a sus esposas. Si un esposo no está seguro de cómo ser afectuoso, debería sentarse con su esposa y preguntarle de forma amable y sincera.

Dar afecto a una mujer significa apelar a aquello que le hace un ser emocional. A veces una mujer solo quiere que su esposo se siente con ella, le tome de la mano y hable con ella. Su necesidad también puede ser suplida mediante muchos abrazos y besos; un flujo constante de palabras, tarjetas y flores; cortesías comunes; y regalos significativos que le muestren que el hombre está pensando en ella, que valora y estima su presencia en su vida.

La Biblia dice que los esposos y esposas deben suplir las necesidades sexuales del otro (ver 1 Corintios 7:3-5). También dice que un esposo tiene que ser sensible a las necesidades generales de su esposa, tratándola con amabilidad y respeto. Los hombres y las mujeres deben equilibrar el tener sus propias necesidades cubiertas con mostrar consideración el uno al otro.

*Pensamiento:* El afecto crea el entorno para la unión sexual en el matrimonio, mientras que el sexo es el evento.

*Lecturas:* Génesis 24:1; 1 Corintios 7:3-5

Día 60

## EL SEXO ES IDEA DE DIOS

*"Dios miró todo lo que había hecho, y consideró que era muy bueno".* —Génesis 1:31

Cómo sabemos que el sexo es algo bueno? Dios creó al hombre y a la mujer y su naturaleza sexual. Por lo tanto, Él dijo que el sexo es *"muy bueno"*.

Por desgracia, la sexualidad a veces se malentiende en extremo, no solo en el mundo secular, sino también en la iglesia. Me preocupa mucho el daño que ha provocado, y que sigue provocando, esta falta de entendimiento sobre el sexo en las vidas de las personas. Ha conducido a mucha confusión y relaciones rotas entre mujeres y hombres. Ha impedido que los hombres vivan a la altura de su pleno potencial como varones y esposos. Ha destruido matrimonios, y vidas. Mi oración es que las mujeres y los hombres encuentren plenitud en Dios al entender su propósito y su plan para la sexualidad humana.

Dios no es negativo con respecto al sexo. Él lo *creó* (ver Génesis 1:28). El sexo es idea de Dios, no es idea del hombre. Es una expresión muy hermosa del amor y el dar, que solo Dios podría haber imaginado. Los hombres y las mujeres fueron diseñados como seres sexuales. Cada bebé nace como una criatura sexual con el potencial de tener una relación sexual como adulto. Dios es negativo solamente con el *mal uso* del sexo porque daña a las personas que Él creó para que tuvieran relaciones plenas con el sexo opuesto. Debemos darnos cuenta de que la Biblia misma es muy abierta sobre el tema de la sexualidad. El tema principal del libro de Cantar de los Cantares es el amor sexual. Es la historia de un novio joven y su novia, y su amor y deseo del uno por el otro.

¿Por qué creó Dios el sexo? La razón principal es que la unidad es un aspecto central de la naturaleza y los propósitos de Dios. En la Biblia, la unión sexual del matrimonio se usa como una metáfora para describir la intimidad entre Cristo y la iglesia. El cuadro de Cristo como el Novio y la iglesia como la novia, nos da una idea de la preciosidad con la que Dios ve el sexo. Él lo ve como un símbolo de su unidad con su amada humanidad, que ha sido creada a su imagen y redimida mediante su amor.

*Pensamiento:* Dios es negativo solamente con el *mal uso* del sexo porque daña a las personas que Él creó para que tuvieran relaciones plenas con el sexo opuesto.

*Lecturas:* Isaías 62:4-5; Apocalipsis 19:6-9

Día 61

# IGNORANCIA ACERCA DE LA SEXUALIDAD

"*No se amolden al mundo actual, sino sean transformados mediante la renovación de su mente*". —Romanos 12:2

Algunas de ustedes están sufriendo ahora mismo por las consecuencias de una actividad sexual desinformada o poco sabia. La forma en que una persona aprendió por primera vez sobre el sexo determina, hasta cierto grado, cómo participa en él.

¿Cómo aprendiste por primera vez sobre la sexualidad? Cuando he preguntado a hombres en mis seminarios cómo se les presentó el concepto del sexo, han enumerado varias formas, tales como amigos o compañeros, películas y televisión, libros de biología, revistas o videos pornográficos, y experimentando sexualmente en la juventud. Cuando recibimos nuestra información sobre el sexo de una o más de estas fuentes y luego pasamos esta información a otros, perpetuamos la ignorancia cultural sobre la sexualidad. Eso es lo que ha estado sucediendo en muchas de nuestras sociedades. La mayor parte de lo que hemos aprendido sobre el sexo se ha adquirido en un contexto moralmente malsano, y está lleno de información errónea. A los hombres y a las mujeres les falta una buena enseñanza positiva sobre el tema de la sexualidad.

Gran parte de la culpa de esta falta de enseñanza recae sobre la iglesia y el hogar. En general, el mensaje que hemos oído de nuestras iglesias y familias es que el sexo es impuro o sucio, y que no debemos hablar de ello. Los jóvenes reciben la idea de que los padres y los hijos no deberían hablar de sexo, porque sus propios padres no hablan del tema con ellos. Se les impide expresar sus preguntas sexuales en el contexto de un hogar amoroso o de una comunidad eclesial, así que buscan la información en otras fuentes. Cuando descuidamos enseñar a nuestros hijos la verdad de Dios sobre el sexo, los abandonamos a la cultura para que reciban de ella su información.

Nadie tiene el derecho de moldear el concepto y las actitudes de tu hijo sobre el sexo salvo tú. Asegúrate de que una clase sobre educación sexual cuestionable o la revista *Playboy* no sean los maestros de tus hijos. Instruye al niño en su camino. Así, cuando un amigo o maestro comience a decir algo erróneo sobre el sexo, tu hijo puede desestimarlo con el conocimiento: "Eso no es lo que mis padres me dijeron. Só que eso no es la verdad".

*Pensamiento:* Cuando somos negligentes en enseñar a nuestros hijos la verdad de Dios sobre el sexo, los abandonamos a la cultura para que reciban de ella su información.

*Lecturas:* Proverbios 5:15-23; Hebreos 13:4

Día 62

# UN LÍMITE DE PROTECCIÓN

*"Por eso el hombre deja a su padre y a su madre, y se une a su mujer, y los dos se funden en un solo ser".*
—Génesis 2:24

El límite que Dios nos ha dado para disfrutar del sexo de forma segura es el pacto matrimonial. Se debe participar en el sexo solamente en el contexto del matrimonio: un compromiso solemne y para toda la vida entre dos personas delante de Dios.

Las Escrituras dicen que un hombre debe *"hacer feliz a la mujer que tomó por esposa"* (Deuteronomio 24:5). No dice que se vaya a vivir con alguien durante un año y prueben primero a ver cómo salen las cosas. No hay pactos provisionales. Salomón dijo: *"¡Goza con la esposa de tu juventud! ¡Que sus pechos te satisfagan siempre! ¡Que su amor te cautive todo el tiempo!"* (Proverbios 5:18-19). Este pasaje es una referencia al sexo. Disfruta con *"la esposa de tu juventud"*, no con otra persona. Hay un vacío en el varón que la mujer debe llenar. Y Dios dice: "Asegúrate de que tu esposa sea la que llene ese vacío".

Las Escrituras dicen: *"Por eso el hombre deja a su padre y a su madre, y se une a su mujer, y los dos se funden en un solo ser"* (Génesis 2:24). *"Por eso"*. ¿Por qué razón debe un hombre irse? Para *"unirse"*. ¿A quién? *"a su mujer"*. En cuanto esta ley se viola, empezamos a cosechar las repercusiones. El versículo 24 dice:

*"se funden en un solo ser"*. El límite que Dios ha establecido para la experiencia de fundirse en un solo ser es la relación del esposo y la esposa.

*"Todos los demás pecados que una persona comete quedan fuera de su cuerpo; pero el que comete inmoralidades sexuales peca contra su propio cuerpo"* (1 Corintios 6:18). Algunas personas no pueden entender por qué las parejas que duermen juntas y luego rompen su relación, tienen problemas a la hora de emprender separados su camino. Es porque la separación causa un verdadero trauma en sus almas. Este es un asunto serio. Por eso las relaciones fuera del plan de Dios pueden ser tan peligrosas.

Tu cuerpo le pertenece a Dios dos veces. Él no solo te creó, sino que también te redimió, y el precio fue muy elevado: la vida de su Hijo Jesús. ¿Cómo puedes honrar a Dios con tu cuerpo? Primero, esperando hasta que estés casado para participar del sexo; segundo, teniendo sexo solo con tu cónyuge. Tú eres el templo de Dios. Levantas tus manos para adorar a Dios; puedes usar esas mismas manos para acariciar a tu cónyuge. Ambos actos son santos a sus ojos.

*Pensamiento:* El principal límite que Dios nos ha dado para disfrutar del sexo de forma segura es el pacto matrimonial.

*Lecturas:* Malaquías 2:13-16; 1 Corintios 6:12-20

# Día 63

## DIFERENCIAS EN LOS ESTILOS DE COMUNICACIÓN

*"Tenemos dones diferentes, según la gracia que se nos ha dado".* —Romanos 12:6

Pablo estaba escribiendo sobre los dones espirituales en el versículo de arriba, pero la misma idea se aplica a los distintos estilos de comunicación que muestran los varones y las mujeres. En su propósito y su gracia, Dios creó a las mujeres y a los varones muy distintos el uno del otro en sus formas de pensar, actuar y responder. Estas diferencias fueron diseñadas para ser complementarias y no divisivas.

En siguientes devocionales hablaremos sobre la naturaleza y tendencia básica de las mujeres y de los varones en la comunicación. Por supuesto, siempre habrá excepciones, porque cada persona es única. Sin embargo, dentro de las variaciones, las tendencias generales normalmente se mantienen.

Adán y Eva vivían originalmente en armonía con Dios, y por eso podían vivir en armonía el uno con el otro. Sabían cómo extraer las fortalezas del otro en la comunicación para la mejora de ambos. Sin embargo, cuando la humanidad se alejó de los propósitos de Dios y rompió su relación con Él, las líneas de comunicación entre varones y mujeres se cortaron o, al menos, se dañaron en gran manera. Así, las diferencias que originalmente estaban diseñadas para el apoyo mutuo ahora conducen a malentendidos y conflictos en el matrimonio y en otras relaciones entre hombres y mujeres.

¡Hay muchas probabilidades de que hayas experimentado algunos de estos malentendidos y conflictos de primera mano! Manejar las diferencias de opinión y evitar la discordia son problemas universales en las relaciones. ¿Cómo puedes vivir en armonía con una pareja a quien amas pero que procesa la información y responde de una forma muy distinta a como tú lo haces? Las mujeres y los varones deben llegar al equilibrio complementario que era el propósito original de Dios para ellos. Este equilibrio se logrará cuando entendamos las fortalezas de cada estilo de comunicación y aprendamos a comunicarnos con el otro según el estilo en el que la otra parte puede recibir y entender.

Con este conocimiento, y más paciencia y perdón, las mujeres y los varones que están buscando los propósitos redentores de Dios para sus vidas pueden comunicarse de forma eficaz y feliz el uno con el otro. Cuando son considerados el uno con el otro, tienen la base sobre la que pueden desarrollar el amor y respeto mutuos que son cruciales para una relación duradera.

*Pensamiento:* Dios creó a las mujeres y a los varones de forma muy distinta el uno del otro en sus formas de pensar, actuar y responder.

*Lecturas:* Salmos 37:37; Romanos 12:3-8

## Día 64

# "ANTENA EMOCIONAL" Y "PENSADOR LÓGICO"

*"¡Oh Señor, cuán numerosas son tus obras! ¡Todas ellas las hiciste con sabiduría!".* —Salmos 104:24

Dios creó a la mujer principalmente como una "antena emocional" y al varón principalmente como un "pensador lógico". Esto no significa que las mujeres no usen la lógica ni que los varones no tengan emociones. Cada uno tiene una forma específica de ver el mundo. Cuando afirmo que una mujer es una antena emocional, me refiero a la forma en que ella procesa la comunicación verbal y no verbal que recibe del mundo que le rodea. Como la mujer es una incubadora, no solo recibe pensamientos e ideas en su ser, sino que también los transforma a medida que los procesa en su vientre emocional, mental y espiritual. Su estilo de comunicación refleja este proceso. Cuando una mujer recibe información, la evalúa tanto de forma mental como emocional *a la vez*. Esto es lo que le hace ser distinta del varón, quien generalmente usa estas funciones por separado.

La creación de Dios es extraordinaria. De hecho, Él diseñó los cerebros del varón y de la mujer de forma distinta. Las conexiones neuronales entre los hemisferios derecho e izquierdo del cerebro de una mujer (tanto el lado lógico como el emocional) están intactas. Esto explica lo que a menudo deja perplejos a muchos hombres: la capacidad de las mujeres de hacer múltiples tareas a la vez en lugar de enfocarse solamente en una. El cerebro de la mujer le permite procesar hechos y sentimientos casi de forma simultánea. Sus emociones están con ella todo el tiempo que está pensando, y esto influye en su perspectiva del mundo que le rodea, así como lo que se le comunica.

Hay menos nervios que conectan los dos hemisferios del cerebro del varón, así que la parte lógica y emocional no están tan íntimamente conectadas. Debido a esto, un hombre básicamente necesita "cambiar de marcha" para pasar de su lado lógico dominante a su lado emocional. Por eso, los hombres –en general– piensan en términos de hechos y de modo lineal. Piensan como en línea recta, la distancia más corta entre dos puntos, lo cual les da la capacidad de ver la meta (la visión) y enfocar sus energías en alcanzarla de la forma más recta y directa.

Las mujeres, por el contrario, tienden a pensar más como una cuadrícula que como una línea recta. El cerebro de una mujer está diseñado para recoger muchos detalles que los hombres no "ven", cosas que van más allá de meros hechos, tales como las personalidades, motivaciones y sentimientos tanto de ella como de otros. Ella puede percibir, evaluar y ver relaciones entre cosas todo al mismo tiempo, como coordenadas x, z y en una cuadrícula que recogen múltiples factores a la vez.

Ninguna persona sola, y tampoco un único género, puede ver el mundo con una perspectiva completa. Por lo tanto, Dios ha diseñado las cosas para que cuando la mujer y el varón trabajan juntos en unidad, pueden ayudarse el uno al otro a ver un cuadro más equilibrado de la vida. No fueron creados para entender el mundo y cumplir su mandato de dominio aislados el uno del otro. Por esta razón, tienen formas intrínsecas de ver el mundo que beneficia al otro.

*Pensamiento:* Ninguna persona sola, y tampoco un único género, puede ver el mundo con una perspectiva completa.

*Lecturas:* Salmos 139:1-3; Filipenses 4:8

## Día 65

# UN BONITO COMPLEMENTO

*"Más valen dos que uno, porque obtienen más fruto de su esfuerzo. Si caen, el uno levanta al otro".*
—Eclesiastés 4:9-10

Las peculiares diferencias entre los varones y las mujeres son para ayudarse mutuamente, no para ser un obstáculo o una fuente de dolor. Una forma de pensar y comunicarse no es mejor que la otra, y las diferencias inherentes entre los dos no son el resultado de la caída de la humanidad. La forma en que las mujeres y los varones están diseñados es para su bien. Solo tienen que ejercitar la paciencia y el entendimiento y valorar la contribución del otro.

El sentimiento emocional de la mujer equilibrará el pensamiento lógico del varón. Muchas mujeres no entienden cuán importantes son para los hombres en sus vidas. La mujer fue creada para ayudar al varón de manera que ella posee todo lo que al hombre le falta; y lo contrario también es cierto. Este principio está basado en el propósito de Dios.

Si las mujeres y los varones no tienen cuidado, llegarán a conclusiones sobre las motivaciones del otro sin saber lo que realmente está pensando la mujer o lo que verdaderamente está sintiendo el varón. Esto ha hecho que muchas personas piensen que sus matrimonios o relaciones no están funcionando.

Tras un tiempo, dicen: "Olvidémoslo", y se separan. Después, conocen a otra persona y se casan, con la esperanza de que las cosas sean distintas esta vez; sin embargo, se encuentran con los mismos problemas que tenían en su relación anterior. Piensan que el problema es la otra persona, cuando el problema es a menudo la ineptitud de ambas partes para comunicarse bien. Este ciclo continuará hasta que aprendan a entender y resolver las diferencias entre mujeres y hombres; y hasta que aprendan por qué cada uno es único, y cómo Dios les ha diseñado para complementar al otro de manera bella.

*Pensamiento:* La próxima vez que te veas tentada a etiquetar a un varón como "insensible", detente y aprecia su perspectiva única, la cual aporta equilibrio y perspectiva a tu vida.

*Lecturas:* Eclesiastés 4:9-12; Efesios 4:3

## Día 66

## SENTIR, PENSAR Y LA AUTOEXPRESIÓN

*"Por lo tanto, esforcémonos por promover todo lo que conduzca a la paz y a la mutua edificación".*

—Romanos 14:19

La comunicación entre mujeres y varones se reduce a *sentir, pensar* y *autoexpresión*. Tanto las mujeres como los varones sienten. Tanto las mujeres como los varones piensan. Es su manera de ver el mundo y su autoexpresión lo que marca la diferencia. La primera reacción de una mujer generalmente será emocional, seguida de otra hilera de pensamientos. La primera reacción de un varón será de pensamiento, pero también sentirá.

Los varones a menudo han catalogado a las mujeres como necias e inferiores porque son expresivas y muestran sus emociones. Una mujer no necesita disculparse por sus emociones. Dios la creó para sentir. Los varones han asumido que su enfoque es mejor que el de las mujeres en lugar de verlo como complementario. No han conocido ni entendido cómo y por qué la mujer fue creada para ser una antena emocional.

La mujer puede ayudar al varón a ver aspectos de la vida que, si se pasan por alto o se ignoran, se pueden convertir en desvíos o baches que le impiden alcanzar su meta o alcanzarla todo lo rápido que podría haberlo hecho. La visión periférica de la mujer impide que el varón sea atacado por la espalda mientras él está enfocado persiguiendo sus metas y objetivos. Por otro lado, el pensamiento lineal del varón ayuda a la mujer a no enredarse tanto en las muchas capas de su pensamiento multidimensional, de manera que pueda perder de vista la meta y nunca la alcance.

Veamos una situación destacando estas perspectivas distintas. Una pareja casada planifica una noche romántica juntos. La esposa anticipa una noche con su esposo. Prepara la comida, viste la mesa, coloca las flores y después sale a la puerta a recibir a su esposo cuando llega a casa. Su esposo entra, dice hola, después pasa por su lado sin darse cuenta de que ella se ha arreglado. Entra en el salón y dice: "Hoy voy a cenar delante de la televisión mientras veo las noticias". Su mente aún está en modo trabajo, intentando encontrar cualquier información que pudiera afectar su trabajo y con ello su capacidad para proveer. Como su esposa no entiende esto, le duele mucho su conducta; su primera reacción es sentir que él es un desagradecido y desconsiderado. Se acerca a él enojada. Sorprendido, él pregunta: "Pero ¿qué te pasa hoy?".

En este punto, ¡ella no ve nada complementario en la forma en que él está diseñado! Cuando no entendemos el propósito, comenzamos a malinterpretar los motivos. Es esta suspicacia lo que crea el conflicto. Por eso es tan importante entender el propósito y el diseño. Tanto la reacción de la mujer como la reacción del varón están relacionadas con la forma en que están hechos. Ella interpreta su aparente indiferencia como algo personal, mientras que la mente de él estaba tan preocupada con lo que estaba pensando que no se dio cuenta de lo que su esposa estaba sintiendo.

Las mujeres y los varones se necesitan el uno al otro para trazar el mejor curso en la vida, uno que les permita alcanzar su meta común, pero también experimentar su viaje de la forma más plena, sabia y reconfortante posible.

*Pensamiento:* Las mujeres y los varones se necesitan el uno al otro para trazar el mejor curso en la vida.

*Lecturas:* Proverbios 10:11-12; 1 Pedro 4:8

## Día 67

## ¿ESTAMOS OYENDO LO MISMO?

*"Amo a Jehová, pues ha oído mi voz y mis súplicas; porque ha inclinado a mí su oído; por tanto, le invocaré en todos mis días".*
—Salmo 116:1-2 (RVR-60)

Lo que oye una mujer, lo recibe como una experiencia emocional; lo que oye un varón, generalmente lo recibe meramente como información. Tienen dos formas totalmente distintas de procesar el lenguaje que se les habla.

La mujer recibe el lenguaje de una forma emocional porque está diseñada para absorber el mundo que le rodea y personalizarlo. Está diseñada para asimilar todo e incubarlo. Un varón por lo general no tiene una experiencia emocional con lo que oye; por eso es muy importante para el varón entender a la mujer. Antes de que un varón hable a una mujer, tiene que pensar en lo que está a punto de decir y cómo lo va a decir. Debido a que la mujer lo recibe todo como una experiencia emocional, el varón debe ser sensible con los sentimientos de ella, considerando sus palabras para no decir lo primero que le venga a la mente.

Por otro lado, una mujer tiene que darse cuenta de que cuando habla con un varón, él lo escucha solamente como información. Se queda con la información porque es un pensador lógico. Cuando ella quiere hablar con un hombre, tiene que aprender a decirle lo que ella piensa, no lo que siente. A veces, una mujer se enojará por algo que un hombre ha hecho y comenzará a llorar. La mujer tiene que liberar sus emociones, y a menudo las expresa a través de las lágrimas. Sin embargo, el hombre dice: "Me voy. Volveré cuando te hayas calmado y podamos hablar". Para la mujer, él está siendo frío. Lo que él realmente está diciendo es: "Estoy buscando información, y no estoy recibiendo ninguna". El hombre no quiere sus lágrimas porque no sabe cómo responder a ellas. Se siente mal de que ella llore, pero quiere saber qué puede hacer para arreglar las cosas. Él quiere información. La mujer puede reconocer esto y responder de una forma que él recibirá.

*Pensamiento:* Lo que una mujer oye, lo recibe como una experiencia emocional; lo que un varón oye, lo recibe como información.

*Lecturas:* Salmos 44:1-3; Marcos 4:1-20

## Día 68

## PENSAMIENTOS Y SENTIMIENTOS OCULTOS

*"Revístanse de afecto entrañable y de bondad, humildad, amabilidad y paciencia, de modo que se toleren unos a otros..."*. —Colosenses 3:12-13

Es probable que una mujer exprese lo que siente en lugar de lo que piensa, especialmente al principio. Por ejemplo, cuando una mujer está bajo estrés y quiere que alguien empatice con ella para no sentirse tan sola en su dificultad, puede que diga algo como esto a su esposo: "Tus padres vienen mañana a cenar, la casa es un lío, no tenemos comida, los niños han estado encima de mí todo el día ¡y yo sola no puedo con todo!". Su esposo, que es un pensador, intentará de inmediato encontrar una solución para la angustia de su esposa. "Bueno, ¿qué tal si voy a hacer algo de compras?". "No, lo tengo que hacer mañana cuando sepa lo que quiero cocinar". "Entonces, ¿por qué no nos vamos a cenar con los niños para que no te tengas que preocupar de eso esta noche?". "No, no podemos acostarnos tarde. Los niños necesitan un baño, y además, tengo que usar los restos de la comida". "Bueno, entonces, déjame ordenar la casa un poco". "No, eso lo tengo que hacer yo, que soy la que sabe dónde va cada cosa".

A esas alturas, el hombre está totalmente desesperado porque está intentando ayudar a su esposa, pero ella rechaza todas sus sugerencias. No se da cuenta de que lo que realmente quiere la mujer es que él la abrace y le diga lo mucho que la aprecia. Aunque ella probablemente también aprecie su ayuda, su primera necesidad es contactar emocionalmente con él. Después, los demás problemas no parecerán tan insuperables. Lo que ella estaba *pensando* era que podría manejar las cosas si recibía algo de amor y afecto de su esposo. Lo que ella *expresó* eran sus abrumadores sentimientos de sobrecarga, los cuales su esposo interpretó como una necesidad de que él resolviera sus problemas pasando a la acción.

Como contraste, la mayoría de las veces en que un hombre habla a una mujer, no le comunica lo que está *sintiendo*. Malinterpretar esto contribuye a los problemas en las relaciones. Puede ser difícil para las mujeres entender cuán difícil es para los hombres expresar sus sentimientos; sin embargo, es muy importante para la mujer no sacar conclusiones apresuradas sobre las motivaciones de un hombre hasta que descubra lo que él está sintiendo.

Hay muchos hombres que sienten emociones que les cuesta mucho verbalizar. Están dolidos; se sienten tristes y débiles por dentro. Se sienten como perdedores. Están deprimidos porque no les han ascendido en diez años y nada funciona en su trabajo. Sienten como si hubieran fallado a su esposa. Se sienten mal, pero es difícil para ellos encontrar las palabras que expresen esos sentimientos.

Para ayudar a un hombre a superar cualquier vergüenza que tenga sobre sus sentimientos y aprender a comunicar esos sentimientos, una mujer tiene que crear un entorno que le permita a él decirle a ella lo que está sintiendo.

*Pensamiento:* Es muy importante que una mujer no saque conclusiones apresuradas sobre las motivaciones de un hombre hasta que descubra lo que él está sintiendo.

*Lecturas:* Salmos 38:9; 1 Pedro 5:7

Día 69

# DIFERENCIAS EN LA RESOLUCIÓN DE PROBLEMAS

*"Más bien, al vivir la verdad con amor, creceremos hasta ser en todo como aquel que es la cabeza, es decir, Cristo".*
—Efesios 4:15

Los distintos enfoques de las mujeres y de los varones a la hora de resolver un problema a menudo les hace reaccionar de forma distinta a las dificultades de la vida o tener conflictos en las relaciones interpersonales.

Los hombres por lo general son como archivadores: toman decisiones rápidamente y las "archivan" en su mente. O ponen un problema en una carpeta mental que dice "tareas" y continúan con otras cosas. Vuelven a abrir la carpeta solo cuando se sienten preparados para abordar eso. Como contraste, las mujeres por lo general son como computadoras. Sus mentes siguen dando vueltas a las cosas todo el tiempo hasta que se resuelve el problema.

Los hombres tienden a resentirse con los problemas, y es más difícil para ellos ver más allá de su enojo. Puede que ellos "tomen nota" de sus problemas y los ignoren por un rato. Por el contrario, las mujeres tienden a la culpabilidad; por lo tanto, a menudo se sienten responsables de estas situaciones, ya sea que las hayan provocado ellas o no. Aunque estén enojadas, mirarán en su interior para ver lo que podrían haber hecho distinto o cómo pueden resolver la situación.

Los varones y las mujeres pueden eliminar mucha frustración en sus relaciones entendiendo las fortalezas del otro en la resolución de problemas y usándolas para beneficiarse mutuamente. Por ejemplo, una mujer puede ayudar a un hombre a resolver un problema con un compañero de trabajo hablando de la dificultad con él y ayudándolo a reconocer las motivaciones y sentimientos involucrados. Un hombre puede ayudar a una mujer a tomar una decisión de forma más rápida reconociendo los sentimientos de ella acerca de una situación, pero también bosquejando claramente los datos y las opciones que tiene. Tener en cuenta tanto la información intuitiva como los hechos ayudará a las mujeres y a los varones a tomar mejores decisiones.

*Pensamiento:* Los distintos enfoques a la hora de resolver problemas a menudo son la razón por la que las mujeres y los varones reaccionan de forma distinta a las dificultades de la vida o a los conflictos en las relaciones interpersonales.

*Lecturas:* Proverbios 2:6; Santiago 1:5-6

Día 70

## DIFERENCIAS EN LA CONSECUCIÓN DE METAS

*"Por su acción [Cristo] todo el cuerpo crece y se edifica en amor, sostenido y ajustado por todos los ligamentos, según la actividad propia de cada miembro".* —Efesios 4:16

Cuando se trata de cosas materiales, tales como una tarea en el trabajo, un proyecto de construcción o una planificación financiera, los hombres quieren saber los detalles de cómo llegar ahí. Quieren saber qué pasos deben dar para lograr una tarea. Por el contrario, las mujeres tienden a ver las metas globales. Piensan en lo que quieren conseguir en vez de enfocarse en un bosquejo paso a paso de lo que se tiene que hacer. Mientras que un hombre se sentará y escribirá una lista de puntos, puede que una mujer tan solo comience a hacer algo para asegurarse de que se haga.

Sin embargo, cuando se trata de cosas espirituales o intangibles, por lo general sucede lo contrario: los hombres miran las metas generales, mientras que las mujeres quieren saber cómo llegar ahí. Estas tendencias son la razón por la que los hombres por lo general recuerdan la esencia de un asunto, mientras que las mujeres a menudo recuerdan los detalles y pasan por alto el asunto. Los hombres están interesados en el principio, en lo abstracto, la filosofía. Ven la dirección general en la que tienen que ir espiritualmente, y se dirigen hacia ella. Mientras sepan lo que creen, no siempre ven la necesidad de actividades diseñadas para ayudarlos a llegar a su meta. Sin embargo, a las mujeres les gusta involucrarse en el proceso. Asistirán a reuniones de oración y estudio bíblico, leerán libros cristianos y participarán más en la vida de la iglesia porque les ayuda a crecer espiritualmente.

Los hombres y las mujeres pueden aportar equilibrio mutuamente, tanto en cosas materiales como espirituales, ayudando al otro a mantener claramente las visiones y las metas en mente mientras identifican los pasos necesarios para alcanzarlas eficazmente.

*Pensamiento:* Cuando se trata de cosas espirituales, los hombres ven las metas de forma general, mientras que las mujeres quieren saber cómo llegar allí. Los hombres ven la dirección general en la que deben ir, mientras que a las mujeres les gusta involucrarse en el proceso.

*Lecturas:* Proverbios 3:5-6; Filipenses 3:12-14

*Día 71*

# DIFERENCIAS DE PERSONALIDAD Y AUTOPERCEPCIÓN

"*El amor es paciente, es bondadoso. El amor no es envidioso ni jactancioso ni orgulloso. No se comporta con rudeza, no es egoísta, no se enoja fácilmente, no guarda rencor. El amor no se deleita en la maldad, sino que se regocija con la verdad. Todo lo disculpa, todo lo cree, todo lo espera, todo lo soporta*". —1 Corintios 13:4-7

El trabajo de un hombre es una extensión de su personalidad, mientras que el hogar de una mujer es la extensión de la de ella. Esta diferencia puede producir mucho conflicto en las relaciones. Una mujer quizá quiere que su esposo pase tiempo con ella en casa, pero él puede disfrutar trabajando doce horas al día lejos de casa porque está cultivando algo que es un reflejo de quién es él. Cuando un hombre pierde su empleo, puede ser algo devastador para su autoestima porque él considera su trabajo casi como un sinónimo de sí mismo.

Una mujer le da un gran valor a su entorno físico y a crear un hogar. Los varones no entienden por qué las mujeres se molestan cuando encuentran aserrín en la sala después de haber aspirado. Los hombres no están intentando ser desconsiderados; sencillamente no piensan en los mismo términos que las mujeres. Cuando la belleza y el orden del hogar se alteran, puede ser perturbador para una mujer.

Otro aspecto de las diferencias en la personalidad de los hombres y de las mujeres es que la personalidad de los hombres suele ser bastante coherente, mientras que las mujeres están cambiando continuamente. Las mujeres buscan el crecimiento personal y el desarrollo más que los hombres. Les gusta redecorar el hogar, descubrir nuevas habilidades o tener un nuevo aspecto. Los hombres a menudo están satisfechos siguiendo las mismas rutinas, pensando en los mismos términos y vistiendo la misma ropa, ¡durante veinte años!

Entender estas diferencias de rasgos de personalidad es esencial porque afectan áreas sensibles de nuestra vida, como lo que valoramos y cómo nos percibimos a nosotros mismos. Las mujeres y los hombres pueden usar su conocimiento de estas distinciones para edificar la autoestima del otro y para darle al otro espacio cuando ven la vida de forma distinta.

*Pensamiento:* Las mujeres a menudo buscan el crecimiento personal y el desarrollo, mientras que los hombres a menudo están satisfechos siguiendo las mismas rutinas.

*Lecturas:* Génesis 2:8-15; 2 Pedro 3:18

## Día 72

## DIFERENCIAS EN LAS IDEAS DE SEGURIDAD Y CONFORT

*"Dios es nuestro amparo y nuestra fortaleza, nuestra ayuda segura en momentos de angustia. Por eso, no temeremos aunque se desmorone la tierra y las montañas se hundan en el fondo del mar; aunque rujan y se encrespen sus aguas, y ante su furia retiemblen los montes".* —Salmos 46:1-3

Como los varones ponen mucho énfasis en sus trabajos y no están tan conectados emocionalmente con su entorno físico, tienen tendencia a ser nómadas al buscar nuevas oportunidades profesionales. Por el contrario, muchas mujeres tienen una gran necesidad de seguridad y raíces. Aunque una mudanza se deba a un nuevo empleo, al varón le parece una aventura y apunta al progreso en su carrera profesional, puede ser estresante y difícil para su esposa, quien quizá tenga que dejar familiares y amigos por perseguir un futuro incierto. Las mujeres también cambiarán lugares geográficos por empleos; sin embargo, las mujeres casadas están menos dispuestas a hacer una mudanza para avanzar sus propios trabajos de lo que lo están por los trabajos de sus esposos. Se sienten menos inclinadas a querer interrumpir la vida de su familia, especialmente cuando tienen hijos.

Por otro lado, cuando se trata de encontrarse con algo nuevo, los varones tienden a dar un paso atrás y evaluar primero. Las mujeres están más dispuestas a aceptar nuevas experiencias, y participan en ellas con más facilidad.

Los asuntos que conllevan seguridad y confort pueden requerir una gran comprensión por parte de un cónyuge. Ellas meditan en asuntos tales como realización, honradez, temor y sentimientos de inestabilidad. Cuando los varones o las mujeres quieren hacer cambios laborales o embarcarse en algo nuevo, deberían ser conscientes de las posibles reacciones de sus cónyuges y mostrar gentileza y paciencia mientras trabajan en estos posibles cambios en sus vidas.

*Pensamiento:* Los asuntos que conllevan seguridad y confort pueden requerir una gran comprensión por parte de un cónyuge porque meditan en asuntos tales como realización, honradez, temor y sentimientos de inestabilidad.

*Lecturas:* Salmo 46; Romanos 15:13

Día 73

## MIRA LA VISIÓN

"*Donde no hay visión, el pueblo se extravía*".
—Proverbios 29:18

Aunque el propósito es el porqué nacimos, la visión es cuando empezamos a verlo por nosotros mismos. La visión es necesaria para la vida. La palabra *"visión"* en hebreo significa un "sueño, revelación u oráculo". Obviamente, una visión que está conectada a los propósitos de Dios es algo que Dios mismo tiene que revelar. Necesitas su revelación de la visión de tu vida. La única forma de poder descubrir esta visión es escuchar lo que Dios te está diciendo.

Tener visión es poder concebir y avanzar hacia tu propósito en la vida. Aunque Dios quiere que esperemos su guía y dirección, no quiere que abusemos de este principio y que no busquemos con anhelo su visión y plan particular para nosotros.

El mayor ejemplo de alguien que tenía una visión para su vida es Jesús. Él repitió constantemente y afirmó quién era. Jesús conocía su identidad como el Hijo de Dios y como Dios Hijo. Él conocía su razón de ser y su propósito en la vida (ver, por ejemplo, Juan 8:58; Lucas 19:10).

El ejemplo que Jesús nos dio muestra nuestra necesidad de estos elementos importantes relacionados con el propósito: (1) una clara autoimagen y (2) una vida coherente con el propósito y llamado personal. Jesús vivió una vida que era totalmente coherente con quien Él decía que era. Tuvo una integridad completa; siempre guardó y cumplió sus palabras.

Visión es la capacidad de ver más allá de nuestros ojos físicos, es decir, un futuro preferido. Visión es propósito en imágenes. ¿Has estado viendo imágenes de tu sueño? Quizá tus sueños están siendo ahogados por tu música, tu teléfono y las conversaciones de otras personas. Cuando apagas el televisor y la computadora y todo está en silencio, ¿empiezas a pensar en tu futuro? En la Biblia, siempre que Dios quería hablar a alguien sobre su obra, siempre los alejaba de otras personas. Dios llevó a Abraham a un monte a solas. Llevó a Moisés a un desierto. David oyó de Dios cuando estaba lejos cuidando de las ovejas en las colinas. Tienes que desconectarte del ruido de la vida para que puedas ver imágenes de tu futuro.

El propósito produce una visión, y una visión produce un plan. Una vez que hay un plan, este produce en ti disciplina. Escribe tu propósito y visión, y después consigue algunas imágenes que simbolicen esa visión y lo que necesitas para llevarla a cabo. Yo recorto imágenes de mi sueño y las coloco donde las pueda ver cada día. Luego digo: "Eso es lo que voy a hacer".

*"El corazón humano genera muchos proyectos, pero al final prevalecen los designios del Señor"* (Proverbios 19:21). Quiero que este versículo se estampe en tu corazón. El propósito de Dios para tu vida ya está establecido; Él no está preocupado por tu futuro. Aquello para lo que naciste ya está terminado en Él. Deja de preocuparte por ello, captura la visión de Él para tu vida, y empieza a hacer planes para llegar allí.

*Pensamiento:* Captura la visión de Dios para tu vida y comienza a hacer planes para llegar allí.

*Lecturas:* Habacuc 2:2-3; 2 Timoteo 2:20-21

*Día 74*

## ¿CUÁL ES TU SUEÑO?

*"Porque yo sé muy bien los planes que tengo para ustedes —afirma el Señor—, planes de bienestar y no de calamidad, a fin de darles un futuro y una esperanza".*
—Jeremías 29:11

Tener una visión es inherente al ser humano. Quizá antes tenías ideas de lo que querías ser y hacer, y aún tienes esas ideas. ¿Te ves llegando a ser abogada y comenzando tu propia firma? ¿Piensas en poder tener una escuela infantil que tenga un programa de estudios de primera clase y que dé servicio a doscientos niños? ¿Quieres escribir una novela? ¿Sueñas con volver a estudiar y hacer algo con tu educación y habilidades académicas?

He llegado a la conclusión de que la persona más pobre del mundo es la persona que no tiene un sueño. Un sueño, o visión, nos da dirección. Se ha dicho que si no sabes adónde vas, cualquier camino te llevará hasta allí. No queremos terminar en cualquier camino en la vida.

Aunque la persona más pobre del mundo es la que no tiene un sueño, la persona más frustrada del mundo es alguien que tiene un sueño, pero no sabe cómo llevarlo a cabo. Sin embargo, si puedes tener esperanza para el futuro, tienes una verdadera riqueza, al margen del poco dinero que tengas en tu cuenta bancaria. No importa lo que tengas o no tengas en este momento, mientras puedas ver lo que podrías tener. La visión es la clave para la vida, porque donde hay un sueño, hay esperanza; y donde hay esperanza, hay fe; y la fe es la garantía, o la certeza, de lo que esperas (ver Hebreos 11:1).

Te animo a creer en tus sueños y a reconectar con tu pasión; tu visión espera tu acción. Tu futuro no está lejos de ti, ya que reside dentro de ti. Mira más allá de lo que ven tus ojos y vive para lo invisible. Tu visión determina tu destino. Dios verdaderamente tiene planes para ti.

*Pensamiento:* La visión genera esperanza y proporciona resistencia en los tiempos difíciles.

*Lecturas:* Salmos 37:3; 1 Tesalonicenses 1:3

Día 75

# EL MUNDO NO PUEDE OLVIDAR

*"Hagan lo que hagan, trabajen de buena gana, como para el Señor".* —Colosenses 3:23

Cada ser humano fue creado para lograr algo específico que ningún otro ser puede lograr. Tú fuiste diseñada para ser conocida por algo especial. Tú estás hecha para hacer algo que te hará ser inolvidable. Naciste para hacer algo que el mundo no podrá ignorar. Puede que sea en tu iglesia, en tu comunidad, en tu estado, o más allá.

La Biblia es un gran libro para narrar las historias de personas que hicieron cosas pequeñas que el mundo no puede olvidar. En el Nuevo Testamento tenemos la historia de la mujer que tomó un frasco de alabastro de perfume y ungió con él la cabeza de Jesús. Esta mujer se la estaba jugando por violar el código social aceptado de su época e interrumpir a un grupo de hombres que se habían reunido para comer. Ella decidió derramar su vida en gratitud a Jesús, al margen de las consecuencias. Algunos de los presentes criticaron severamente a esta mujer porque había "malgastado" el costoso perfume sobre Jesús cuando lo podría haber vendido para propósitos caritativos. Sin embargo, Jesús les dijo: *"Déjenla en paz… Les aseguro que en cualquier parte del mundo donde se predique el evangelio, se contará también, en memoria de esta mujer, lo que ella hizo"* (Marcos 14:6, 9). Al margen de lo pequeña que pueda ser la obra, si pones tu vida en ello, no será olvidada.

Agnes Gonxha Bojaxhiu, a quien el mundo llegó a conocer como Madre Teresa, sintió que el propósito de su vida era servir a Dios a tiempo completo. Cuando tenía dieciocho años se hizo monja y fue a India con las Hermanas de Loreto, y enseñó en un instituto católico durante muchos años. El propósito y la pasión de su vida cristalizaron cuando sintió el llamado de Dios de ayudar a "los más pobres de entre los pobres" y se dedicó a llevar esperanza, dignidad, sanidad y educación a los necesitados de Calcuta, aquellos a los que otras personas menospreciaban como personas a quienes era imposible ayudar o no eran dignas de dicha ayuda.

La Madre Teresa comenzó su propia orden llamada "Las Misioneras de la Caridad" y llegó a ser reconocida internacionalmente por su trabajo humanitario desinteresado. Su pasión por ayudar a otros le llevó a identificarse totalmente con ellos: se convirtió en ciudadana de la India y siempre guardó su voto de pobreza, incluso cuando llegó a ser famosa. Su obra llegó mucho más allá de la India a otras naciones del mundo, influenciando a cientos de miles de personas para unirse a su visión. Ella creía en la diferencia que una persona podría marcar en el mundo, diciendo: "Si no puedes alimentar a cien personas, entonces alimenta solo a una". La Madre Teresa recibió el Premio Nobel de la Paz en 1979 y continuó su obra hasta su muerte en 1997.

La Madre Teresa animó a otros a no esperar a que líderes reconocidos hagan el trabajo, sino a seguir sus visiones. Actuando cuando había una necesidad real y haciendo lo que podía hacer a nivel personal para ayudar, la Madre Teresa se convirtió en una líder. Ella influenció a otras muchas personas para despertar sus propios dones visionarios y, al hacerlo, multiplicó su eficacia miles de veces.

*Pensamiento:* Todo ser humano fue creado para lograr algo específico que ningún otro ser puede lograr.

*Lecturas:* Jeremías 1:4-5; Romanos 11:29

# Día 76

## CONOCIDA POR TU VISIÓN

*"Pues Dios es quien produce en ustedes tanto el querer como el hacer para que se cumpla su buena voluntad".*
—Filipenses 2:13

La sustancia misma de la vida es que encuentres el propósito de Dios y lo cumplas. Hasta que hagas eso, no estás viviendo realmente. Necesitas asegurarte de poder decir al final de tu vida, como dijo Jesús: *"Todo se ha cumplido"* (Juan 19:30) y no solo "Me he jubilado", porque tu sueño es mucho mayor que una mera jubilación.

¿Tienes veintitantos años? ¿Qué has hecho hasta ahora con tu vida? ¿Has pasado tanto tiempo intentando agradar a tus amigos que no sabes quién eres o qué hacer con tu vida? Si es así, no te estás haciendo ningún favor a ti misma. No estás cumpliendo tu propósito. Quizá dices que solo estás reaccionando a la "presión de grupo". En realidad, estás permitiendo que otros gobiernen tu vida.

Quizá tienes cuarenta años. ¿Qué has hecho hasta ahora que el mundo no puede olvidar? ¿A qué distancia te alejarás sin trabajar hacia tu sueño? Ten cuidado, ¡postergar las cosas puede convertirse en una ocupación a jornada completa! Muchas personas pasan toda una vida alejándose de quienes Dios quiere que sean porque nunca han reconocido quiénes son desde el principio.

Por ejemplo, quizá has trabajado como secretaria durante veinte años. Estás al mismo nivel que cuando comenzaste, a pesar de que sueñas con ser administradora. Las personas no cumplen su visión porque no tienen un sentido de destino.

Necesitamos ser como los apóstoles, que eran conocidos por sus hechos y no por sus palabras. El libro bíblico que cuenta acerca de ellos se llamó Hechos de los Apóstoles porque ellos eran hacedores. Estaban afectando el gobierno. Estaban transformando el mundo. Las naciones les tenían temor, y las ciudades se ponían nerviosas cuando aparecían porque se decía que "*trastornan el mundo entero*" (Hechos 17:6, RVR-60). Es emocionante estar alrededor de personas que saben que están haciendo aquello para lo que nacieron. Tú deberías ser conocida también por la visión que Dios te dio.

*Pensamiento:* La sustancia misma de la vida es que encuentres el propósito de Dios y lo cumplas.

*Lecturas:* 1 Pedro 4:10-11; Hechos 9:36-41

# Día 77

## LA VISIÓN ES DESINTERESADA

*"No hagan nada por egoísmo o vanidad; más bien, con humildad consideren a los demás como superiores a ustedes mismos. Cada uno debe velar no solo por sus propios intereses, sino también por los intereses de los demás".*

—Filipenses 2:3-4

La verdadera visión es desinteresada. Su propósito es traer el reino de Dios a la tierra y que la gente se vuelva a Él. Una visión siempre debería enfocarse en ayudar a la humanidad o edificar a otros de alguna forma.

En primer lugar, esto significa que Dios nunca hará que persigas tu visión a costa de tu familia. Un querido amigo mío fue a una conferencia donde un supuesto profeta le habló sobre lo que Dios quería para su vida. Vino a mí y me preguntó: "¿Has oído lo que dijo el profeta? ¿Qué piensas?". Yo le respondí: "Bueno, oremos por esa profecía. Tomemos un tiempo, obtengamos consejería y busquemos la voluntad de Dios al respecto". Sin embargo, la siguiente vez que oí de él, ya había trazado un plan para cumplir esa profecía. Se fue a otro país, dejando atrás a una familia confundida y enojada. ¿Era ese realmente el propósito de Dios?

Hay ocasiones en que los familiares estarán de acuerdo en separarse por un tiempo para cumplir cierto propósito.

Además, tu familia no siempre entenderá o apoyará tu sueño; sin embargo, perseguirlo no debería destruir sus vidas. La visión siempre debería estar acompañada de la compasión.

En segundo lugar, una verdadera visión no tomará la forma de edificar una gran empresa solo para que tengas millones de dólares para gastarlos en casas y autos caros. Esas cosas pueden ser metas, pero no son visión; de hecho, probablemente sean ambiciones egoístas porque edifican tu reino en vez del reino de Dios. Tu visión podría conllevar ganar una gran cantidad de dinero. La diferencia, sin embargo, está en tu motivación y actitud. Tienes que tratar tu economía como un recurso que Dios ha provisto para cumplir tu visión, no como una herramienta para llenar tu vida de lujos.

Te invito a hacer la siguiente oración:

Padre, sé que quieres que persiga los sueños de mi vida con compasión por los demás. Por favor, guárdame de los motivos egoístas. En el nombre de Jesús, amén.

*Pensamiento:* El propósito de la visión es traer el reino de Dios a la tierra.

*Lecturas:* Proverbios 11:25; Santiago 3:13-18

*Día 78*

# DIOS ENVIÓ A UNA MUJER

*"Porque yo te hice subir de la tierra de Egipto, y de la casa de servidumbre te redimí; y envié delante de ti a Moisés, a Aarón y a María".* —Miqueas 6:4 (RVR-60)

Las mujeres deberían tomar en serio el versículo de arriba y recordarlo durante el resto de sus vidas. Dios estaba diciendo: "Les envié a tres líderes". Siempre hablamos de Moisés, el representante y líder administrativo. También hablamos de Aarón, el sumo sacerdote y líder espiritual. Pero Dios mencionó otro líder del que muchas personas se sienten incómodos al leer. Él dijo: "También les envié a María para dirigirles".

Dios *envió* a una mujer para liderar. Este hecho contradice muchas de las actitudes que han tenido los hombres durante años acerca de las mujeres en el liderazgo. Cuando Dios nombró a propósito a María para ser líder de su pueblo, estaba defendiendo la idea de que es válido que una mujer esté en el liderazgo. Es digno de notar que Dios no envió a María a liderar porque en ese momento no había ningún hombre que estuviera dispuesto; en cambio, la envió a liderar *junto* a los hombres; la puso en un equipo de líderes. Como Dios reconoció a María en la misma lista o categoría que Moisés, no tenemos que poner en duda si Dios quería que las mujeres fueran líderes. "Y envié delante de ti a Moisés, a Aarón y a María".

El equipo de liderazgo del Sinaí incluía un director, un sacerdote y una mujer. El director era Moisés, el líder ejecutivo; el sacerdote era Aarón, el líder espiritual. Pero justo en medio del líder ejecutivo y el líder espiritual se necesitaba una mujer para aportar equilibrio a ambos.

El papel influyente de María como líder de Israel mira hacia *atrás* a los propósitos de Dios para la mujer que estableció Él mismo cuando creó a la humanidad, y hacia *delante* a los propósitos redentores para la mujer en la salvación. Dios quiso que las mujeres fueran líderes desde la creación del mundo, y confirmó su compromiso continuado con esa intención a través del ministerio de su Hijo Jesucristo.

A través de nuestra exploración de los propósitos de Dios para los hombres y las mujeres y las relaciones entre hombres y mujeres, hemos visto lo siguiente:

- Las mujeres y los varones (como hombre) son espiritualmente iguales ante Dios e igualmente importantes para Él.
- Las mujeres y los varones (como hombre) recibieron el mandato del dominio.
- Los varones y las mujeres (las "casas" del hombre) tienen propósitos y diseños distintos.
- Al cumplir los propósitos de Dios, los papeles complementarios y habilidades de los varones y las mujeres aportan equilibrio, fortaleza y ayuda mutua.

A la luz de estos principios, la pregunta que muchas personas han estado haciendo "¿Deberían las mujeres estar en el liderazgo?" se convierte en una pregunta totalmente distinta. En vez de preguntar *si* las mujeres deberían estar en el liderazgo, deberíamos estar preguntando *cómo* deben ejercer su liderazgo, en base a su propósito y diseño. En nuestros siguientes devocionales exploraremos cómo el propósito y diseño de la mujer moldean su papel de liderazgo.

*Pensamiento:* Dios quiso que las mujeres fueran líderes desde la creación del mundo.

*Lecturas:* Génesis 1:26-27; Efesios 4:11-13

Día 79

## DISEÑADA PARA LIDERAR

"*Y Dios creó al ser humano a su imagen; lo creó a imagen de Dios. Hombre y mujer los creó, y los bendijo con estas palabras: «Sean fructíferos y multiplíquense; llenen la tierra y sométanla; dominen a los peces del mar y a las aves del cielo, y a todos los reptiles que se arrastran por el suelo»*".
—Génesis 1:27-28

Consideremos nuevamente que el relato de la creación revela que el mandato de dominar se le dio al "ser humano", tanto varón como hembra. El propósito de Dios es que la mujer, así como el varón, sea fiel y se multiplique, que llene, someta, y que domine toda la tierra. Dominar significa gobernar, dirigir, controlar, gestionar, liderar o administrar. *Dominio* es una palabra poderosa. A Dios le encanta el liderazgo y lo tenía en mente cuando creó la tierra. Cuando Dios le dijo al ser humano que dominara, le estaba diciendo quién es. El ser humano (hombre y mujer) es un líder que tiene que cultivar la tierra.

No hay instancia alguna de sometimiento u opresión de las mujeres en el primer y segundo capítulo de Génesis. En la perfecta voluntad de Dios, no cabe esa situación. La mujer y el varón eran iguales, bendecidos para someter, gobernar y dominar, y Dios dijo: "Esto es muy bueno". Cualquier otro arreglo que no sea este fue resultado de la caída. Esto significa que todo lo que Dios dijo sobre la relación entre varón y mujer después de Génesis 2 es un programa de reparación.

Como el propósito de Dios para la humanidad era el liderazgo, Él diseñó al varón y a la mujer con el potencial y la habilidad innatos para ser líderes. El espíritu de liderazgo está en todas las personas. Sin embargo, las formas en las que varones y mujeres *ejercen* el dominio son distintas según el diseño de cada uno.

*Pensamiento:* Dios diseñó tanto al varón como a la mujer con el potencial y la habilidad innatos para ser líderes; el espíritu de liderazgo está en cada persona.

*Lecturas:* Salmo 8; Apocalipsis 1:4-6

Día 80

# EL PODER DE INFLUENCIA DE LAS MUJERES

*"Cuando habla, lo hace con sabiduría; cuando instruye, lo hace con amor".* —Proverbios 31:26

Tanto el varón como la mujer fueron creados para liderar, pero sus funciones de liderazgo están determinadas por sus tareas específicas de dominio. Dios diseñó a la mujer no solo para tener relación con Él, sino también para ayudar a cumplir sus propósitos en su gran plan para la humanidad. Por lo tanto, las mujeres fueron diseñadas por Dios para ejecutar una tarea que solo ellas pueden cumplir.

Dios diseñó al varón para ser un líder por posición y a la mujer para ser líder por influencia. Así, el hombre tiene *poder de posición* y la mujer tiene *poder de influencia*. Existe una diferencia entre estas dos formas de liderazgo. Un ejemplo perfecto de esta distinción fue la posición de la reina Ester en relación con el rey Asuero. El rey tenía poder de posición; sin embargo, debido al buen corazón de Ester y su gran belleza, ella tenía poder de influencia con el rey y pudo convencerlo de los malignos planes de Amán contra el pueblo judío.

Cuando Dios diseñó a la mujer, obviamente tenía la influencia en mente. Una mujer es una recibidora. Dios la diseñó para recibir del hombre y para incubar lo que recibe para que eso pueda crecer y desarrollarse. Una mujer está hecha para influir.

Sus vientres, ya sea físico, emocional, mental o espiritual, tienen una influencia tremenda sobre lo que reciben, proveyendo un entorno de alimento y transformación. Hay mucha verdad en la conocida cita de William Ross Wallace: "La mano que mece la cuna es la mano que gobierna el mundo".

Poder de posición y poder de influencia no son mutuamente excluyentes; se tienen que ejercer juntos en dominio. Por ejemplo, Dios le dio a la mujer una forma de pensar que es asombrosa. Si tomas un pequeño pensamiento, una pequeña idea, y los sueltas en la mente de una mujer, nunca recibirás de vuelta esa pequeña idea, sino un plan plenamente desarrollado.

¿Sabes por qué muchos hombres le entregan la gestión de la casa a sus esposas? Una mujer puede tomar una hipoteca que ha vencido o un negocio que se está viniendo abajo y decir: "Siéntate; deja que yo me ocupe de esto". Ella sabe cómo ayudar a un hombre con estas cosas. Ella puede sacarle de un agujero. Lo triste es que cuando algunos hombres salen del agujero, continúan y pasan por encima de sus mujeres. Los hombres deben valorar las cualidades y contribuciones únicas de las mujeres.

*Pensamiento:* El hombre tiene *poder de posición*, y la mujer tiene *poder de influencia.*

*Lecturas:* Libro de Ester; Lucas 8:1-3

## Día 81

# FUNCIONES DE LIDERAZGO DISTINTAS

*"Se complace en la prosperidad de sus negocios, y no se apaga su lámpara en la noche…Tiende la mano al pobre, y con ella sostiene al necesitado".* —Proverbios 31:18, 20

Poder e influencia son iguales, pero diferentes. Una mujer y un hombre son iguales en liderazgo. La diferencia está en sus funciones de liderazgo.

Hay dos aspectos importantes del poder de posición. En primer lugar, el poder de posición generalmente viene con un título como rey, gobernador o pastor. En segundo lugar, el poder de posición se ejecuta por lo general mediante órdenes, ya sean verbales o escritas. Es la autoridad que va con la posición, y es la base de los mandatos; esa es la naturaleza del poder del hombre.

El poder de influencia se manifiesta de una forma muy distinta. Primero, una mujer quizá tenga un título, pero no necesita un título para liderar. Ella lidera mediante la influencia. Los hombres se llaman a sí mismos "la cabeza del hogar", pero las mujeres dirigen los hogares. Segundo, una mujer no necesita hablar para dirigir las cosas. Ella lidera solo mediante su influencia. Mi padre solía dirigir nuestra casa con su boca. Decía: "Quita los pies de la silla". Sin embargo, mi madre solo me *miraba*, y yo bajada de inmediato los pies de la silla. La mujer no necesita decir ni una palabra; tan solo mira, y la gente responde. Esta es una influencia poderosa. Algunos hombres suponen que como ciertas mujeres son calladas o no rechistan ante las órdenes, son débiles. No entienden el poder de la influencia.

El poder de influencia puede que sea más sutil y callado que el poder de posición, pero tiene un efecto potente. Satanás entendió esta influencia. La caída del hombre vino de la interferencia de la serpiente en el liderazgo de influencia.

El poder de influencia es un tremendo regalo de Dios, quien tenía la intención de que las mujeres lo usaran para su propio bien, el de sus familias, sus comunidades, sus naciones, el mundo y el reino de Dios. Sin embargo, las mujeres tienen que entender su potencial para el mal, así como para el bien. Incluso las mujeres redimidas deben tener cuidado de disciplinar su poder de influencia.

Aunque el poder de influencia de la mujer tiene el potencial de hacer daño, fue Dios quien originalmente le dio este don de liderazgo cuando la creó. La *influencia* no es el resultado de la caída; es la *corrupción* de la influencia. Dios desea que la mujer sea restaurada a su pleno papel de liderazgo y use esta influencia para los buenos propósitos de Él. Dios indicó que este era su plan incluso en la caída. Dijo que, al final, iba a restaurar lo que había establecido en el principio. ¿Cómo? Mediante la redención de Jesucristo y la llegada del Espíritu Santo.

Cuando el Espíritu Santo regresa a la vida de una mujer, el plan de Dios para ella vuelve a ser como era originalmente. Las mujeres son coherederas iguales de la salvación con los hombres. Esto significa que cuando una mujer recibe la salvación en Jesucristo, se hace igual de nuevo en gobierno.

*Pensamiento:* Dios desea que la mujer sea restaurada a su pleno papel de liderazgo y use su poder de influencia para los buenos propósitos de Él.

*Lecturas:* 1 Samuel 25:2-35; Marcos 6:17-29

Día 82

## UN LÍDER CONFIABLE

*"Se me ha dado toda autoridad en el cielo y en la tierra. Por tanto, vayan y hagan discípulos de todas las naciones".*

—Mateo 28:18-19

Cuando Jesús estaba a punto de ascender al cielo, les dijo a sus seguidores, "Tengo que regresar a mi Padre, pero quiero influenciar al mundo para mi reino. Yo soy el Rey y soy la Palabra; por lo tanto, ejerzo el poder de posición. Para influenciar al mundo, necesito una esposa, una compañera, que tenga poder de influencia".

Cristo dejó la tierra en manos de una "mujer": la iglesia. Ser un miembro del cuerpo de Cristo significa no solo recibir la salvación, sino también ayudar al Señor en su propósito de ganar el mundo para sí mismo. Por eso le dio a la iglesia la responsabilidad de ir al mundo como un testigo de Él. Cristo la ve como un líder perfecto, y demuestra esto mediante el hecho de que le ha confiado la Palabra de Dios.

Ahora bien, la implicación es que la mujer es un líder confiable, así como lo es el varón. La iglesia no es la sierva de Jesús, así como la mujer tampoco es la sierva del varón; ella es su compañera. Jesús dijo a sus discípulos: *"Ya no los llamo siervos...los he llamado amigos, porque todo lo que a mi Padre le oí decir se lo he dado a conocer a ustedes"* (Juan 15:15).

Jesús también le dijo a la iglesia, en verdad: "Tú estarás sentada *conmigo* en lugares celestiales" (ver Efesios 2:6). Él no dijo: "Te sentarás *debajo* de mí". Como Cristo es el Rey, la iglesia es su reina. Tenemos que ver la intención de Dios para la mujer en este cuadro de Cristo y la iglesia. Ella no está hecha para sentarse debajo del varón, sino para ser su compañera en liderazgo, en dominio.

*Pensamiento:* Tenemos que ver la intención del liderazgo de Dios para la mujer en el cuadro que vemos en las Escrituras de Cristo y la iglesia.

*Lecturas:* Isaías 9:6-7; Efesios 2:4-10

## Día 83

## ¿QUÉ PASA CON PABLO?

*"Ya no hay judío ni griego, esclavo ni libre, hombre ni mujer, sino que todos ustedes son uno solo en Cristo Jesús".*

—Gálatas 3:28

Cuando Pablo escribió la declaración de arriba a los gálatas, estaba hablando del ser humano que reside tanto en los varones como en las mujeres a quienes Cristo ha redimido. En otras cartas, como las dirigidas a Corinto y Éfeso, Pablo trató problemas en los que las herencias culturales de la gente hacían que les resultara difícil ajustarse a su nueva fe cristiana. Por ejemplo, les dijo a los corintios: *"guarden las mujeres silencio en la iglesia, pues no les está permitido hablar. Que estén sumisas, como lo establece la ley"* (1 Corintios 14:34).

Este pasaje se ha malinterpretado terriblemente y se ha usado como una regla general para mantener sometidas a las mujeres, para dominarlas y oprimirlas. Muchas personas no se dan cuenta de que, en la misma carta, Pablo dio instrucciones a las mujeres que oran o profetizan en la iglesia (ver 1 Corintios 11:5). Obviamente, necesitaban hablar para poder hacerlo; por lo tanto, creo que las instrucciones de Pablo a los corintios tenían que ver con guardar el orden en las iglesias cuando la carnalidad de la gente o los trasfondos culturales creaban confusión y discordia. Dios es un Dios de orden. En base a los otros escritos de Pablo, así como pasajes adicionales y principios bíblicos tanto del Antiguo como del Nuevo Testamento, estas pocas instrucciones de Pablo no se deberían considerar como la única palabra o la palabra definitiva sobre el asunto.

¿Qué es más importante, la cultura o Cristo? ¿Alguna vez mandó Jesús a una mujer que se callara? ¿Alguna vez Jesús detuvo a una mujer para que no predicara? Recuerda que la mujer en el pozo comenzó a predicar cuando Jesús la dejó ir, y después se convirtió en una evangelista (ver Juan 4:4-30).

A veces tomamos la frase de Pablo en 1 Corintios 14:34, *"guarden las mujeres silencio en la iglesia"*, y le damos más importancia que a la propia revelación de Jesús de los propósitos de Dios. Por favor, no malentiendas lo que estoy diciendo. Todo es Palabra de Dios. Sin embargo, creo verdaderamente que Pablo estaba tratando con asuntos culturales concretos; Cristo estaba lidiando con principios. No deberíamos confundir la cultura con los principios. Jesús elevó, promovió y restauró a las mujeres a su dignidad original. Además, Pablo mismo afirmó la igualdad de la mujer y el varón en Cristo.

Incluso antes de que Jesús muriese en la cruz, afirmó a las mujeres en su ministerio terrenal de una forma que era revolucionaria para el hombre caído, pero que estaba perfectamente en línea con los propósitos de Dios para el hombre en la creación. Esta es una ilustración impactante de su respeto por las mujeres y el valor que tienen para Él, su Creador y Redentor.

Por lo tanto, no solo el varón, sino también la mujer puede ser líder. Sus estilos de liderazgo no se anulan el uno al otro; es la *combinación* del poder de posición y del poder de influencia lo que hace que el hombre ejerza dominio sobre el mundo, y lo que traerá el reino de Dios a la tierra. El diablo está en problemas cuando los dos tipos de poder se juntan en una unidad de propósito.

*Pensamiento:* Jesús elevó, promovió y restauró a las mujeres a su dignidad original.

*Lecturas:* 2 Crónicas 34:14-33; Gálatas 3:26-29

## Día 84

## ¿QUERRÍAS UNA BELLEZA INCORRUPTIBLE?

*"Que la belleza de ustedes…sea más bien la incorruptible, la que procede de lo íntimo del corazón y consiste en un espíritu suave y apacible. Esta sí que tiene mucho valor delante de Dios".* —1 Pedro 3:3-4

Primera de Pedro 3:4 dice que la belleza de una mujer *"sea… la que procede de lo íntimo del corazón"*. Este *"íntimo del corazón"* es el espíritu de la mujer. Lo que una mujer es físicamente es distinto a lo que es en lo íntimo de su corazón. Hemos visto que, espiritualmente, tanto los varones como las mujeres tienen el mismo espíritu-hombre en su interior. El espíritu-hombre dentro de cada mujer es el ser que se relaciona con Dios. Jesús dijo: *"Dios es espíritu, y quienes lo adoran deben hacerlo en espíritu y en verdad"* (Juan 4:24). Una mujer tiene su propio ser espiritual con el que adorar a Dios. Ella puede bendecir al Señor, y amar al Señor, y recibir del Señor por sí misma. Una mujer que ama y adora al Señor, y refleja su naturaleza, tiene una belleza incorruptible ante los ojos de Dios.

Para que una mujer se convierta en lo que Dios quiere, tiene que estar llena del Espíritu Santo, someterse a la Palabra y aprender a seguir la guía del Espíritu. Debes desarrollar una relación íntima y constante con Dios. Por ejemplo, no puedes leer revistas populares para mujeres o ver programas de entrevistas y esperar recibir una revelación de Dios. Estas fuentes por lo general se dirigen al centro del desierto. Te llevan a la perversión y depravación. La mentalidad de desierto de las mujeres es: "No necesito a nadie. Voy a conseguirlo todo yo sola. No me importa lo que diga nadie; no necesito a ningún hombre". Creo que sabes que esa es una conversación de desierto porque, en lo más hondo de tu ser, tienes un deseo de jardín. Necesitas estar en relación con Dios, y tienes que estar en relación con los hombres, con un esposo o con tus hermanos en el Señor, para ser las personas que Dios creó.

Este es el ideal, y Dios quiere que vuelvas a trabajar en ello. Él quiere que tengas el espíritu del jardín para que estés en comunión continua con Él. Entonces serás capaz de experimentar satisfacción como el ser espiritual creado a imagen de Dios que eres y como mujer creada para los buenos propósitos de Dios.

*Pensamiento:* Para que una mujer se convierta en lo que Dios quiere, tiene que ser llena del Espíritu Santo, estar sometida a la Palabra y aprender a seguir la guía del Espíritu.

*Lecturas:* Proverbios 11:16; Gálatas 5:24-25

Día 85

# LA ORACIÓN ES ESENCIAL PARA LA VOLUNTAD DE DIOS

*"Porque tuyo es el reino, y el poder, y la gloria, por todos los siglos".* —Mateo 6:13 (RVR-60)

Como seres humanos, nuestra necesidad de orar proviene de la forma en que Dios dispuso el dominio sobre la tierra. Dios creó el mundo. Después creó a los hombres y a las mujeres, dándoles dominio sobre las obras de sus manos. Cuando Dios dijo: *"Que tenga dominio sobre…"* toda la tierra (Génesis 1:26), ordenó el dominio del mundo de una forma que hizo que el gobierno de los humanos fuera esencial para llevar a cabo sus propósitos. Él hace que las cosas sucedan en la tierra cuando los hombres y las mujeres se ponen de acuerdo con su voluntad. La oración, por lo tanto, es esencial para que la voluntad de Dios sea hecha en la tierra. Como Dios nunca rompe su Palabra con respecto a cómo deben funcionar las cosas, la oración es obligatoria, no opcional, para el progreso espiritual.

El plan de Dios es que la humanidad desee lo que Él desea, que anhele lo que Él anhela y que le pida que lleve a cabo sus propósitos en el mundo para que la bondad y la verdad, en vez del mal y la oscuridad, puedan reinar sobre la tierra. En este sentido, con la oración le damos a Dios la libertad para intervenir en los asuntos de la tierra.

Incluso antes de que el plan de Dios de redención se llevara a cabo plenamente en Cristo, Dios usó a los humanos para cumplir su voluntad. Vemos este principio en las vidas de Abraham, Moisés, Gedeón, David, Daniel y muchos otros. Dios continuó trabajando con la humanidad para cumplir sus propósitos en la tierra aunque la parte del hombre estuviera limitada por su pecado y falta de entendimiento de los caminos de Dios.

Como varón o mujer creados a imagen de Dios, la autoridad del dominio es tu herencia. Dios desea que anheles su voluntad. Su voluntad debería ser el fundamento de tus oraciones, el corazón de tu intercesión y la fuente de tu confianza en tus ruegos.

Cuando conocemos y obedecemos la voluntad de Dios y le pedimos que la cumpla, Él nos concederá nuestras peticiones. Ya sea que estemos orando por una necesidad personal, familiar, de la comunidad, nacional o mundial, debemos buscar estar en acuerdo con la voluntad de Dios para que sus propósitos puedan reinar sobre la tierra. Esta es la esencia de ejercer dominio.

*Pensamiento:* Dios hace que las cosas sucedan en la tierra cuando los hombres y las mujeres se ponen de acuerdo con su voluntad.

*Lecturas:* Isaías 55:10-11; Mateo 6:5-14

Día 86

## LA IMPORTANCIA DEL PERDÓN

*"Por lo tanto, si estás presentando tu ofrenda en el altar y allí recuerdas que tu hermano tiene algo contra ti, deja tu ofrenda allí delante del altar. Ve primero y reconcíliate con tu hermano; luego vuelve y presenta tu ofrenda".*

—Mateo 5:23-24

Jesús habló mucho sobre la importancia del perdón en nuestras relaciones. Dijo que si no perdonas a alguien que tiene algo contra ti, o contra quien tú tienes algo, entonces el Padre no te perdonará y no te escuchará. Jesús estaba diciendo que las relaciones con otras personas son, incluso, más importantes que la adoración, porque no puedes adorar salvo en el contexto de tus relaciones.

No importa cuán seria y sincera seas con Dios. No importa lo llena que estés del Espíritu Santo o lo mucho que hayas aprendido de la Biblia. A Dios no le impresiona mucho tu capacidad de comunicarte con Él, tu capacidad de expresar tu adoración, oración o alabanza. Su recepción de tu adoración, ya sea esta mediante lo que das, tu alabanza, tu administración del reino de Dios o tu ministerio de los dones del Espíritu, depende de tus relaciones con otros, especialmente con tu cónyuge. Por lo tanto, si le das a Dios mil dólares, que Dios lo reciba o no depende de si estás o no estás en buena relación con otros. La aceptación de Dios, incluso de tus diezmos, depende de tus relaciones con otras personas, no de lo mucho que le des a Él.

Así, una buena relación con Dios depende de las buenas relaciones con otras personas. Esta verdad saca el asunto de las relaciones reconciliadas entre mujeres y hombres y las pone donde duele, ¿no crees? Debemos entender claramente lo que la Palabra de Dios dice para que no tengamos excusa por no arreglar nuestras relaciones rotas.

¿Te imaginas a los esposos y esposas parándose en medio de la adoración del domingo y apartándose un momento para arreglar las cosas entre ellos? Si eso sucediera, tendríamos una iglesia y una sociedad totalmente nuevas. Sin embargo, veo que la gente a menudo prueba el camino fácil cuando ha estado en conflicto con otros. Acuden a Dios y le dicen: "Dios, por favor, perdona a María". "Dios, dile a María que le perdono", o "Dios, te pido que cambies a María". No quieren ir a la persona directamente. Nos encanta escondernos detrás de Dios para no tener que aceptar la responsabilidad de unas relaciones cara a cara. Nuestra reticencia a tratar de forma honesta y directa con otros es la razón por la que hay tantos problemas en las relaciones, incluso en el cuerpo de Cristo.

Yo honro a mi esposa y le hago bien no solo porque la amo, sino también por causa de mi relación con Dios. *"Ustedes esposos, sean comprensivos en su vida conyugal… Así nada estorbará las oraciones de ustedes"* (1 Pedro 3:7). Jesús dijo que mi relación con Dios es incluso más importante que mi relación con mi esposa, y sin embargo Dios hizo que mi relación con Él dependiera de mi relación con ella.

*Pensamiento:* No puedes adorar a Dios fuera del contexto de tus relaciones.

*Lecturas:* Génesis 50:25-32; Marcos 11:24-25

Día 87

# PREPARADA PARA LA TORMENTA

*"El Dios eterno es tu refugio; por siempre te sostiene entre sus brazos".* —Deuteronomio 33:27

Todo tiene su tiempo, y todo lo que se quiere debajo del cielo tiene su hora" (Eclesiastés 3:1, RVR-60). Todo en la vida tiene su tiempo. Esto significa que sea cual sea la dificultad que estemos experimentando, no durará para siempre. Sin embargo, también significa que cualquier cosa que estemos disfrutando ahora puede que tampoco dure para siempre. Muchos no queremos oír esto; pensamos que todo es para siempre.

No debes confiar en la permanencia de algo en la tierra salvo en tu relación con Dios. Padres, amigos, compañeros de trabajo, pastores, miembros de la iglesia... todo es por un tiempo. Prepárate para el tiempo en que vivas sin ellos. Debemos tener nuestra ancla en la Roca porque la Roca no tiene tiempo, porque Él es eterno.

Déjame recordarte que aunque estés en Cristo Jesús, no eres inmune a las tormentas. Cuando vemos a personas que son hombres y mujeres de Dios, que son fieles en su servicio a Él, que son personas de oración o que han servido mucho a otros, pero que se encuentran en crisis, decimos: "Esto no les debería pasar a personas como ellos". Como Jesús nos dijo en una de sus parábolas, no importa qué tipo de "casa" tengas, ya sea que esté construida sobre la arena o sobre la roca, la tormenta llegará. El asunto no es realmente la tormenta. El asunto es el fundamento de la casa. Recuerda que si te aferras a la Roca, tu fundamento estará seguro (ver Mateo 7:24-27).

Yo he vivido en las Bahamas toda mi vida, y Dios ha usado el océano para enseñarme lecciones básicas de la vida cristiana. A menudo, mis amigos y yo hemos salido en nuestras barcas por la mañana temprano a pescar, y el agua es como cristal mientras avanzamos por el océano. Sin embargo, como a la una del mediodía puede llegar una tormenta y, como estamos a quince kilómetros de distancia de la orilla, tenemos que empezar a atar todo. La climatología ha cambiado, y la barca se moverá durante la tormenta, pero todos sabemos qué hacer. Hemos sido entrenados; estamos preparados para la tormenta.

Sabemos bajar el ancla. De hecho, nos sumergimos y ponemos el ancla debajo de la roca. Después, apuntalamos todo. Cuando la tormenta llega hasta nosotros, es demasiado tarde para hacer estas cosas; el tiempo ha llegado. Nos azotan el viento y las olas, pero tras unos quince o veinte minutos, pasa de largo. Después, vuelve a reinar la calma y podemos volver a pescar.

Ocurrirá lo mismo contigo. Cuando te afianzas en la Roca y te has preparado para los tiempos de cambio de la vida, podrás salir de la tormenta y después volver a pescar. Todo estará bien, y será una pesca mejor porque la tormenta habrá traído más peces. Detrás de toda experiencia difícil hay una rica experiencia de parte del Señor. Hay paz en la promesa de que ninguna cosa terrenal dura para siempre, pero la Roca es eterna.

*Pensamiento:* Tú no eres inmune a las tormentas. ¿Te estás sujetando a la Roca?

*Lecturas:* Salmos 62:5-8; Mateo 7:24-27

*Día 88*

# REFLEJAR AL MUNDO LA NATURALEZA DE DIOS

*"Y hay cuerpos celestiales, y cuerpos terrenales; pero una es la gloria de los celestiales, y otra la de los terrenales. Una es la gloria del sol, otra la gloria de la luna, y otra la gloria de las estrellas, pues una estrella es diferente de otra en gloria".* —1 Corintios 15:40-41, RVR-60)

Cuando pensamos en la *"gloria"*, a menudo pensamos en una nube llena de luz; sin embargo, la gloria en el sentido del pasaje de arriba tiene que ver con la naturaleza de algo. En su sentido más amplio, a la palabra *gloria* se le puede atribuir a cualquier cosa. *La gloria de algo es la mejor expresión de ese algo.*

Una de las definiciones de *gloria* es "una cualidad o bien distinguido". Puedes ver una flor en su verdadera gloria cuando ha florecido del todo. Puedes ver un leopardo o un león en su verdadera gloria cuando está en su mayor vigor. Puedes ver el sol en su verdadera gloria a las doce del mediodía; después, su luz comienza a decaer. La gloria de una cosa es cuando está en su estado pleno y verdadero. Por lo tanto, gloria se refiere a la manifestación, o la exposición, de la verdadera naturaleza de algo.

Cuando la Biblia dice que el propósito de la humanidad es manifestar la gloria de Dios, no significa solo levantar nuestras manos y decir: "¡Aleluya!". Eso es alabanza, pero no gloria en el sentido en el que estamos hablando. *Reflejar la gloria de Dios* significa reflejar su verdadera naturaleza. La gloria de Dios a menudo se manifiesta mejor cuando respondemos de una forma cristiana en una situación difícil. En ese momento, Dios te está diciendo: "Deja que la gloria salga ahora. Deja que la gente vea cómo es Dios bajo presión".

*Pensamiento:* La gloria de Dios a menudo se manifiesta mejor cuando respondemos de una forma cristiana en una situación difícil.

*Lecturas:* Isaías 60:1-3; Filipenses 2:14-16

Día 89

# UNA MUJER QUE HONRA A DIOS

*"Engañoso es el encanto y pasajera la belleza; la mujer que teme al Señor es digna de alabanza".* —Proverbios 31:30

Nuestro repaso del propósito y poder de las mujeres no estaría completo sin una mirada a la mujer que está considerada como el paradigma tanto de la feminidad como del poder: la mujer de Proverbios 31.

A algunas mujeres ni siquiera les gusta leer este capítulo de la Biblia porque les acompleja ver todas las cosas que esta mujer aparentemente es capaz de hacer. "Bueno, si yo tuviera un equipo de sirvientes como ella tenía, ¡también podría hacer todas esas cosas!", exclaman. Sin embargo, cuando consideramos nuestra exploración de los propósitos de Dios para la mujer desde la creación a la redención, y cuando pensamos en cómo la mujer ha sido hecha libre para cumplir sus propósitos, Proverbios 31 nos da una perspectiva tremenda sobre lo que una mujer debería ser. No nos acomplejemos cuando leamos sobre lo que *hace* esta mujer y pasemos por alto el mensaje central de *quién es ella*.

Un tema que Proverbios 31 comunica es este: la mujer es una hacedora. Es multitarea (como muchas otras mujeres de hoy). Es responsable de cuidar de su esposo, hijos, hogar, trabajo, talentos, compromisos con la iglesia, obra caritativa y a veces unos padres ancianos. Es ayudadora y es líder. Recibe una semilla en su vientre físico, emocional, psicológico y espiritual, la incuba y después lo usa para construir y transformar el mundo que le rodea.

Incluso mientras una mujer está cumpliendo todos sus propósitos vitales en su hogar y en el mundo, debe recordar siempre que *el primer lugar de una mujer está en Dios*. Proverbios 31 le recuerda: "No descuides tu relación con Dios, y no olvides desarrollar el carácter de Dios en tu ser interior mientras te ocupas de tu vida extremadamente ocupada".

Es demasiado fácil comenzar a olvidarte de Dios cuando te estás ocupando de tantas otras personas y responsabilidades. Recuerda: la mujer fue creada para ser amada por Dios y para tener comunión con Él como un ser espiritual creado a su imagen. Ella tenía que reflejar el carácter y semejanza de Dios, representar su verdadera naturaleza. Dios creó a la mujer para que tuviera sus características morales dentro de su ser interior. Ella ha de reflejarlo a Él no solo como espíritu, sino también en estas cualidades. Fue diseñada para actuar y operar como Dios lo hace, en amor y gracia. Por lo tanto, Proverbios 31 está diciendo: "Aunque estás haciendo lo que Dios te ha llamado a hacer y para lo que te ha dotado, no te olvides de la importancia de su carácter en tu vida". Por eso se habla de *"la mujer ejemplar"* (versículo 10).

Tener una relación con el Señor y desarrollar su carácter en tu vida forma un fundamento esencial que te fortalecerá y te sostendrá en todas tus actividades y logros. Con un continuo refrigerio del Señor, puedes involucrarte deliberadamente en tus muchas responsabilidades y cumplir los emocionantes propósitos que Dios tiene para ti.

*Pensamiento:* Es demasiado fácil comenzar a olvidarte de Dios cuando te estás ocupando de tantas otras personas y responsabilidades.

*Lecturas:* Proverbios 31; Colosenses 3:1-3

## Día 90

## LIBRE EN CRISTO

"*Cristo nos libertó para que vivamos en libertad. Por lo tanto, manténganse firmes y no se sometan nuevamente al yugo de esclavitud*". —Gálatas 5:1

Cristo ha liberado a la mujer y la ha hecho una colaboradora igual con el hombre, para que pueda cumplir los propósitos de Dios para ella y desarrollar todos los dones que Él le ha dado. Dios la ha liberado de los efectos del pecado y de la opresión que dicen que ella es inferior a los varones.

El mundo nos dice que demostremos nuestra valía mediante lo que logramos. La Biblia nos dice que aceptemos nuestra valía en Dios, que nos ama. No tienes que justificar tu valía mediante lo mucho que estás haciendo por otros o por cuántas actividades estás llevando a cabo. ¿Recuerdas la historia de Marta y María cuando Jesús visitó por primera vez su hogar? Aunque Marta estaba ocupada preparando la comida para Jesús, Él le recordó amablemente que María había tomado la mejor decisión al sentarse a sus pies para oír sus palabras de vida (ver Lucas 10:38-42).

La mujer de Proverbios 31 no es solo una mujer ocupada; es una mujer que conoce su propósito en Dios. Veamos algunas de las razones de por qué esto es así:

- Ella sabe que tiene que confiar en Dios y extraer de Él su fuerza para que la ansiedad no la paralice; su familia y otros con los que tiene relaciones podrán poner su confianza en ella; ellos sabrán que tiene sus mejores intereses en mente en relación a ellos (ver versículos 11-15).

- Ella sabe que Dios valora sus habilidades e inteligencia, y por eso es libre para perseguir oportunidades y hacer planes para ampliar su esfera de influencia (ver versículos 16-18, 24).

- Ella sabe que Dios es su fuente suprema y que Él desea bendecirla, así que acude a trabajar con energía y anticipación. Tiene una buena actitud y no se queja (ver versículo 17).

- Como Dios le ha bendecido, ella desea ser una bendición para otros, y se acerca los que son menos afortunados que ella (ver versículo 20).

- Como ella sabe que su valía viene de su posición en Dios, se trata a sí misma con respeto (ver versículo 25).

- Ella se ha sumergido en la Palabra de Dios para conocer sus caminos; por lo tanto, puede dar buenos consejos e instrucción a otros (ver versículo 26).

- Como ha llegado a conocer al Dios de todo ánimo, ella es de mucho ánimo para su esposo, sus hijos, amigos y compañeros de trabajo, y les dedica su tiempo (ver versículo 28).

Hermanas en Cristo, les animo de todo corazón a perseguir todos los propósitos de Dios para sus vidas. Él creó el espíritu de ustedes de su propio ser y por amor. Las diseñó de manera perfecta para cumplir su llamado en Él. Acepten la libertad que Él les ha dado en Cristo. Sepan que Dios las estima mucho. Desarrollen las ideas creativas que Él les ha dado en lo más hondo de su ser. Usen los muchos dones y talentos que ha puesto en ustedes. Sean para ustedes mismas, para su familia y para su comunidad, la bendición que Dios quiso que fueran cuando las creó.

*Pensamiento:* Acepta la libertad que Dios te ha dado en Cristo.

*Lecturas:* Isaías 61:1; Juan 8:36

# ACERCA DEL AUTOR

El Dr. Myles Munroe (1954-2014) fue un orador motivacional internacional, autor de éxitos de ventas, educador, mentor de liderazgo, y asesor para el gobierno y el mundo empresarial. Viajando ampliamente por el mundo, el Dr. Munroe trató asuntos clave que afectan todo el abanico del desarrollo humano, social y espiritual. El tema central de su mensaje es la maximización del potencial individual, incluyendo la transformación de los seguidores en líderes y de los líderes en agentes de cambio.

El Dr. Munroe fue el fundador y presidente de Bahamas Faith Ministries International (BFMI), una organización multidimensional con sede en Nassau, Bahamas. Fue director ejecutivo y director del consejo de International Third World Leaders Association, y presidente de International Leadership Training Institute.

El Dr. Munroe fue también fundador y productor ejecutivo de varios programas de radio y televisión retransmitidos en todo el mundo. Además, era un invitado frecuente en otros programas de radio y televisión y de redes internacionales, y escribió varias ediciones de la Biblia, revistas y boletines, como *The Believer's Topical Bible*, *The African Cultural Heritage Topical Bible*, *Charisma Life Christian Magazine* y *Ministries Today*.

Fue un escritor popular de más de cuarenta libros, incluyendo *El propósito y poder del Espíritu Santo*, *El poder del carácter en el liderazgo*, *Los principios y el poder de la visión*, *Entendiendo el propósito y el poder de la oración*, *Entendiendo el propósito y el poder de las mujeres*, *Entendiendo el propósito y el poder de los hombres*, *El propósito y poder de la autoridad*, *Los principios y beneficios del cambio*, *Convirtiéndose en un líder* y *El espíritu de liderazgo*.

El Dr. Munroe ha cambiado las vidas de multitudes en todo el mundo con un mensaje poderoso que inspira, motiva, desafía y empodera a la gente para descubrir el propósito personal, desarrollar el verdadero potencial y manifestar sus habilidades de liderazgo particulares. Durante más de treinta años entrenó a decenas de miles de líderes de empresas, industrias, educación, gobierno y religión. Se dirigía personalmente a más de quinientas mil personas al año hablando sobre el desarrollo personal y profesional. Su encanto y mensaje van más allá de la edad, la raza, la cultura, el credo y el trasfondo económico.

El Dr. Munroe obtuvo una licenciatura y una maestría de Oral Roberts University y la Universidad de Tulsa, y recibió varios doctorados honorarios. También trabajó como profesor adjunto de la Escuela de Teología en Oral Roberts University.

Padres de dos hijos adultos, Charisa y Chairo (Myles Jr.), el Dr. Munroe y su esposa Ruth viajaban como equipo y participaban juntos en seminarios de enseñanza. Ambos eran líderes que ministraban con corazones sensibles y una visión internacional. En noviembre de 2014 murieron de forma trágica en un accidente aéreo cuando iban camino a una conferencia anual de liderazgo patrocinada por Bahamas Faith Ministries

International. Una frase del Dr. Munroe en su libro *El poder del carácter en el liderazgo*, resume su propio legado: "Recuerden que el carácter asegura la longevidad del liderazgo, y los hombres y las mujeres de principios dejarán importantes legados y serán recordados por generaciones futuras".

www.ingramcontent.com/pod-product-compliance
Lightning Source LLC
Chambersburg PA
CBHW071002160426
**43193CB00012B/1884**